爱阅读课程化丛书/快乐读书吧

爱阅读

雷锋日记

雷　锋／著

立　人／主编

无障碍精读版

课外阅读佳作，爱阅读课程化丛书

分级阅读点拨 · 重点精批详注 · 名师全程助读 · 扫清阅读障碍

天地出版社 | TIANDI PRESS

图书在版编目（CIP）数据

雷锋日记 / 雷锋著 ; 立人主编 . — 成都 : 天地出版社 , 2024.2

（爱阅读）

ISBN 978-7-5455-8053-2

Ⅰ. ①雷… Ⅱ. ①雷… ②立… Ⅲ. ①雷锋（1940—1962）—日记—选集 Ⅳ. ① D648

中国国家版本馆 CIP 数据核字 (2023) 第 238438 号

LEI FENG RIJI

雷锋日记

雷锋　著　　立　人　主编

—— 阅读 · 成长 ——

出品人　杨　政

项目统筹　田佰根　王　猛　万可彪　赵亚珍
监　　制　刘俊枫　王莉莉
营销策划　田金香　吴　淼
责任编辑　蔡龙英
责任校对　梁续红
装帧设计　宋双成
排版制作　书香文雅
责任印制　白　雪

出版发行　天地出版社
（成都市锦江区三色路 238 号　邮政编码：610023）
（北京市方庄芳群园 3 区 3 号　邮政编码：100078）
网　　址　http://www.tiandiph.com
电子邮箱　tianditg@163.com

印　　刷　三河市祥宏印务有限公司
版　　次　2024 年 2 月第一版
印　　次　2024 年 2 月第一次印刷
开　　本　700mm × 1000mm　1/16
印　　张　15　　彩插　0.375
字　　数　230 千字
定　　价　24.80 元
书　　号　ISBN 978-7-5455-8053-2

咨询电话：（028）86361282（总编室）

1959年

1960年（上）

1961 年（下）

1962年（上）

我学会开推土机了

一个孤儿

总序

北京书香文雅图书文化有限公司的李继勇先生与我联系，说他们策划了一套“爱阅读”丛书，读者对象主要是中小学生，这套书可以作为学生的课外阅读用书，希望我写篇序。作为一名语文教育工作者，为学生推荐优秀课外读物责无旁贷，在最近“双减”政策的大背景下，也更有意义。

一、“双减”以后怎么办?

前不久，中共中央办公厅、国务院办公厅印发了《关于进一步减轻义务教育阶段学生作业负担和校外培训负担的意见》，对义务教育阶段学生的作业和校外培训作出严格规定。这是一件好事。曾几何时，我们的中小学生作业负担重，不少孩子不是在各种各样的培训班里，就是在去培训班的路上。孩子们“学”无宁日，备尝艰辛；家长们焦虑不安，苦不堪言。校外培训机构为了增强吸引力，到处挖墙脚；有些老师受利益驱使，不能安心从教。他们的行为破坏了教育生态，违背了教育规律，严重影响了我国教育改革发展。教育是什么？教育是唤醒，是点燃，是激发。而校外培训的噱头仅仅是提高考试成绩，让孩子在中高考中占得先机。他们的广告词是“提高一分，干掉千人”，他们大肆渲染“分数为王”。在这种压力之下，孩子们面对的是“分萧萧兮题海寒”，他们不得不深陷题海，机械刷题。假如只有一部分孩子上培训班，提高的可能是分数。但是，如果大多数孩子或者所有孩子都去上培训班，那提高的就不是分数，而只是分数线。教育的根本任务是立德树人，是培根铸魂，是启智增慧，是让学生德智体美劳全面发展，是培养社会主义建设者和接班人，是为中华民族伟大复兴提供人才，而不是培养只会考试的“机器”，更不能被资本绑架。所以中央才“出重拳”“放实招”，目的就是要减轻学生过重的课业负担，减轻家长过重的经济和精神负担。

“双减”政策出台后，学生们一片欢呼，再也不用在各种培训班之间来回奔波了，但家长产生了新的焦虑：孩子学习成绩怎么办？而对学校老师来说，这是一个新挑战、新任务，当然也是新机遇。学生在校时间增加，要求老师提升教学水平，科学合理布置作业，同时开展课外延伸服务，事实上是老师陪伴学生的时间增加了。这部分在校时间怎么安排？如何让学生利用好课外时间？这一切考验着老师们的智慧，而开展各种课外活动正好可以解决这个难题，比如：热爱人文的，可以参加阅读写作、演讲辩论、学习传统文化和民风民俗等社团活动；喜爱数理的，可以参加科普科幻、实验研究、统计测量、天文观测等兴趣小组；也可以参加体育比赛、艺术（音乐、美术、书法、戏剧）体验和劳动教育等实践活动。当然，所有的活动都应以培养学生的兴趣爱好为目的，以自愿参加为前提。学校开展课后服务，可以多方面拓展资源，比如博物馆、图书馆、科技馆、陈列馆、少年宫、青少年活动中心，甚至校外培训机构的优质服务资源，还可组织征文比赛、志愿服务、社会调查等，助力学生全面发展。

二、课外阅读新机遇

近年来，“新课标”“新教材”“新高考”成为语文教育改革的热词。前不久，我看到一个视频，说语文在中高考中的地位提高了，难度也加大了。这种说法有一定道理，但并不准确。说它有一定道理，是因为语文能力主要指一个人的阅读和写作能力，而阅读和写作能力又是一个人综合素养的体现。语文能力强，有助于学习别的学科。比如：数学、物理中的应用题，如果阅读能力上不去，读不懂题干，便不能准确把握解题要领，也就没法准确答题；英语中的英译汉、汉译英题更是考查学生的语言表达能力；历史题和政治题往往是给一段材料，让学生去分析、判断，得出结论，并表述自己的观点或看法。从这点来说，语文在中高考中的地位提高有一定道理。说它不准确，有两个方面的理由：一是语文学科本来就重要，不是现在才变得重要，之所以产生这种错觉，是因为在应试教育的背景下，语文的重要性被弱化了；二是语文考试的难度并没有增加，增加的只是阅读思维的宽度和广度，考查的是阅读理解、信息筛选、应用写作、语言表达、批判性思维、辩证思维等关键能力。可以说，真正的素质教育必须重视语文，因为语文是工具，是基础。不少家长和教师认为课外阅读浪费学习时间，这主要是教育观念问题。他们之所以有这种想法，无非是认为考试才是最终目的，希望孩子可以把更多时间用在刷题上。他们只看到课标和教材的变化，以为考试还是过去那一套，其实，考试评价已发生深刻变革。目前，考试评价改革与新课标、新教材改革是同向同行的，都是围绕立德树人做文章。中共中央、国务院印发的《深化新时代教育评价改革总体方案》明确指出："稳步推进中高考改革，构建引导学生德智体美劳全面发展的考试内容体系，改变相对固化的试题形式，增强试题开放性，减少死记硬背和'机械刷题'现象。"显然就是要用中高考"指挥棒"引领素质教育。新高考招生录取强调"两依据，一参考"，即以高考成绩和高中学业水平考试成绩为依据，以综合素质评价为参考。这也就是说，高考成绩不再是高校选拔新生的唯一标准，不只看谁考的分数高，还要看谁更有发展潜力、更有创造性、综合素质更高，从而实现由"招分"向"招人"的转变。而这绝不是仅凭一张高考试卷能够区分出来的，"机械刷题"无助于全面发展，必须在课内学习的基础上，辅之以内容广泛的课外阅读，才能全面提高综合素养。

三、“爱阅读”助力成长

这套“爱阅读”丛书是为中小学生量身打造的，符合《义务教育语文课程标准》倡导的“好读书、读好书、读整本的书”的课改理念，可以作为学生课内学习的有益补充。我一向认为，要学好语文，一要读好三本书，二要写好两篇文，三要养成四个好习惯。三本书指“有字之书”“无字之书”和“心灵之书”，两篇文指“规矩文”和“放胆文”，四个好习惯指享受阅读的习惯、善于思考的习惯、乐于表达的习惯和自主学习的习惯。古人说“读万卷书，行万里路”，实际上就是要处理好读书与实践的关系。对于中小学生来说，读书首先是读好“有字之书”。“有字之书”，有课本，有课外自读课本，还有“爱阅读”这样的课外读物。读书时我们不能眉毛胡子一把抓，要区分不同的书，采取不同的读法。一般说来，有精读，有略读。精读需要字斟句酌，需要咬文嚼字，但费时费力。当然也不是所有的书都需要精读，可以根据自己的需要决定精读还是略读。新课标提倡中小学生进行整本书阅读，但是学生往往不能耐着性子读完一整本书。新课标提倡的整本书阅读，主要是针对过去的单篇教学来说的，并不是说每本书都要从头读到尾。教材设计的练习项目也是有弹性的、可选择的，不可能有统一的“阅读计划”。我的建议是，整本书阅读应把精读、略读与浏览结合起来。精读重在示范，略读重在博览，浏览略观大意即可，三者相辅相成，不宜偏于一隅。不仅如此，学生还可以把阅读与写作、读书与实践、课内与课外结合起来。整本书阅读重在掌握阅读方法，拓展阅读视野，培养读书兴趣，养成阅读习惯。

再说写好两篇文。学生读得多了，素养提高了，自然有话想说，有自己的观点和看法要发表。发表的形式可以是口头的，也可以是书面的，书面表达就是写作。写好两篇文，一篇“规矩文”，一篇“放胆文”。“规矩文”重打基础，“放胆文”更见才气。“规矩文”要求练好写作基本功，包括审题、立意、选材、构思等，同时还要掌握记叙文、议论文、说明文、应用文的基本要领和写作规范。“规矩文”的写作要在教师的指导下进行。“放胆文”则鼓励学生放飞自我、大胆想象，各呈创意、各展所长，尤其是展现自己的应用写作能力、语言表达能力、批判性思维能力和辩证思维能力。“放胆文”的写作可以多种多样，除了大作文，也可以写小作文。有兴趣的还可以进行文学创作，写诗歌、小说、散文、剧本等。

学习语文还要养成四个好习惯。第一，享受阅读的习惯。爱阅读非常重要。每个同学都应该有自己的个性化书单，有的同学喜欢网络小说也没有关系，但需要防止沉迷其中，钻进“死胡同”。这套“爱阅读”丛书，就给中小学生课外阅读提供了大量古今中外的名家名作。第二，善于思考的习惯。在这个大众创业、万众创新的时代，创新人才的标准，已不再是把已有的知识烂熟于心，而是能够独立思考，敢于质疑，能够自己去发现问题、提出问题和解决问题，需要具有探究质疑能力、独立思考能力、批判性思维和辩证思维能力。第三，乐于表达的习惯。表达的乐趣在于说或写的过程，这个过程比说得好、写得完美更重要。写作形式可以不拘一格，比如作文、日记、笔记、随笔、漫画等。第四，自主学习的习惯。我的地盘我做主，我的语文我做主。不是为老师学，也不是为父母长辈学，而是为自己的精神成长学，为自己的未来学。

愿广大中小学生能借助这套“爱阅读”丛书，真正爱上阅读，插上想象的翅膀，飞向未来的广阔天地！

顾之川

2021 年 10 月 15 日

写于京东大运河畔之两不厌居

·作家生平·

雷锋（1940—1962），原名雷正兴，出生于湖南长沙。1957 年加入中国共产主义青年团。参加治沩工程、团山湖农场和鞍钢等的建设，多次被评为劳动模范和先进生产者。1960 年参加中国人民解放军，在沈阳部队工程兵某部运输连四班当汽车兵，多次立功受奖，同年加入中国共产党。1962 年 8 月 15 日因公殉职。他公而忘私，爱憎分明，全心全意为人民服务，在其短暂的一生中助人无数。1963 年 1 月 7 日，中华人民共和国国防部命名他生前所在班为“雷锋班”。同年 3 月 5 日《人民日报》发表毛泽东题词“向雷锋同志学习”，后把每年的 3 月 5 日定为学雷锋纪念日。全国广泛开展学习雷锋的群众运动。

·创作背景·

《雷锋日记》是雷锋自 1957 年至 1962 年所写日记及其他文字整理的合集（其中记录了雷锋做的部分好事），是在雷锋去世后由前进报社等组织整理的。1963 年 4 月，《雷锋日记》由解放军文艺出版社出版发行。

·作品速览·

《雷锋日记》汇集了雷锋 22 年人生历程中所写下的文字，包括日记、讲话、书信、散文、诗歌、小说等，全面、真实地展现了一个鲜活可爱的雷锋。

1

读者能够通过此书了解雷锋的人生经历，感受平凡而伟大的雷锋精神。

·文学特色·

《雷锋日记》内容丰富、语言朴实、短小精悍、笔调阳光，有相当多的篇幅表达了雷锋热爱党、热爱祖国、热爱社会主义的炽热情感。《雷锋日记》的选材是具有现实意义的，作品以“爱”为主题，感染着读者，也体现着社会现实对作品的影响。

2

阅读准备

“作家生平”，走近作家，一睹作家风采；“创作背景”，了解作品创作的时代背景；“作品速览”，把握故事全貌、主题意蕴；“文学特色”，发掘作品深刻的文学价值，以增进理解，提高阅读效率。

名家心得

向雷锋同志学习。——毛泽东

向雷锋同志学习：憎爱分明的阶级立场，言行一致的革命精神，公而忘私的共产主义风格，奋不顾身的无产阶级斗志。——周恩来

学习雷锋，做毛主席的好战士。——朱德

学习雷锋同志平凡而伟大的共产主义精神。——刘少奇

谁愿当一个真正的共产主义者，就应该向雷锋同志的品德和风格学习。——邓小平

读者感悟

“学习雷锋，好榜样……”这是一首家喻户晓的歌，在小学的时候我们就学会了这首歌。每到三月的学雷锋月，我总能在身边看到许多的“活雷锋”。在读完《雷锋日记》后，我深有感触，雷锋的奉献精神让

223

爱阅读
AI YUEDU

我非常感动，也让我反思自己，我决心以雷锋为榜样，现在认真对待学习，将来认真对待工作。

雷锋一生从事革命事业，正如他自己所说：“青春啊！永远是美好的。可是真正的青春，只属于这些永远力争上游的人，永远忘我劳动的人，永远谦虚的人。”雷锋的螺丝钉精神也将永远留在我们心中，影响着我们每一代人。我长大后也要争做小小螺丝钉。

阅读拓展

雷锋于 1957 年的秋天开始学着写日记，据最早看过日记的方湘林回忆：“（我）希望真有爱情日记，可仔细一看，写的全是政治与技术方面的内容，如下放干部总结评比大会记录，自己在大会上的发言提纲，拖拉机性能、拖拉机驾驶规则，等等。”后来机缘巧合，雷锋日记出现在了大众的眼前。这本日记记录的是雷锋的生活与情感，但也是千千万万像雷锋一样的解放军战士的生活与情感的代表。

真题演练

一、选择题

1.“我懂得一朵花打扮不出春天来，只有百花齐放才能春色满园的道理。”这句话出自雷锋（　　）年的讲话。

A.1957　　B.1959　　C.1956　　D.1960

224

阅读总结

“名家心得”，听听名家怎么说；“读者感悟”，看看别人怎么想；“阅读拓展”，帮你丰富文学知识，增强艺术感受力；“真题演练”，考查阅读本书后的效果，是对阅读成果的巩固和总结。习题具有一定的延伸性和拓展性，对于没有回答上来的问题，读者可以借此发现阅读上的不足，心中带着疑问，为下一次的精读做好准备。

1959 年

名师导读

本节选了雷锋的两篇日记，在这两篇日记当中，既提到了雷锋的决心，还提到了他对党的誓言和热爱，以及他爱护国家财产、具有奉献精神的事迹。

8 月 26 日

自从由鞍山转到弓长岭以来，自己就抱定决心：一定要很好地工作、学习，争取加入中国共产党。[1]对各种学习任务都能认真完成；自学较好，每天早晨学习一小时，晚上总是要自学到深夜 10 至 11 点钟；早晨坚持做早操，没有违反过纪律，都能按规定去做。今后，我应当继续加强组织纪律性，同违法乱纪作斗争，严守纪律，听从指挥，做好机器检查和保养，保证安全，消灭事故。努力学习政治，开展思想斗争和批评与自我批评，加强团结，虚心学习。

❶叙述

作者简要地叙述了自己这段时间的学习和生活，可以看出他是个积极向上、严于律己的人。

11 月 14 日

今天，我感到特别的高兴。一天紧张的工作过后，

7

指引你快速知晓章节内容，提高阅读兴趣。

名师妙语，见解独特，视角新颖。

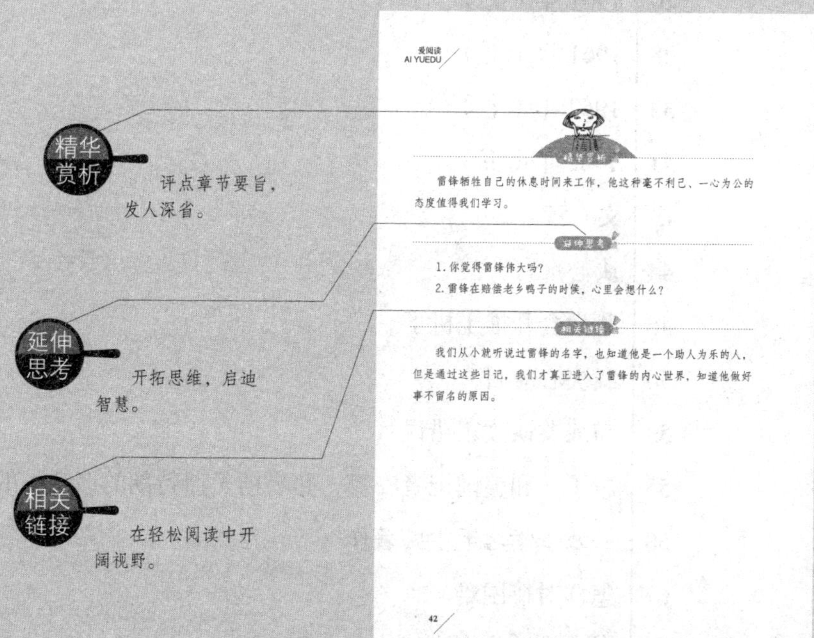

Contents

目录

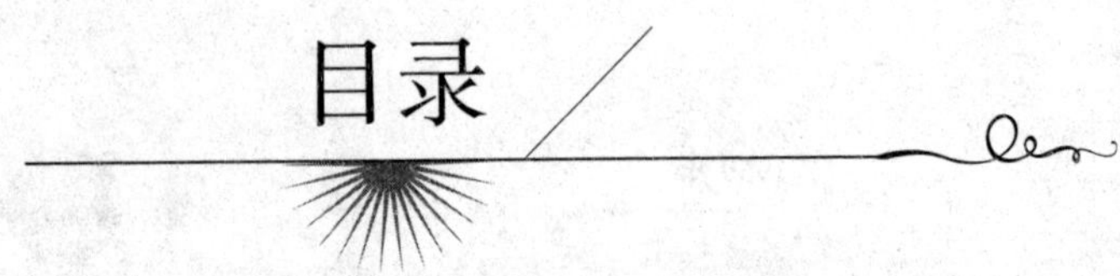

·作家生平·

雷锋（1940—1962），原名雷正兴，出生于湖南长沙。1957 年加入中国共产主义青年团。参加治沩工程、团山湖农场和鞍钢等的建设，多次被评为劳动模范和先进生产者。1960 年参加中国人民解放军，在沈阳部队工程兵某部运输连四班当汽车兵，多次立功受奖，同年加入中国共产党。1962 年 8 月 15 日因公殉职。他公而忘私，爱憎分明，全心全意为人民服务，在其短暂的一生中助人无数。1963 年 1 月 7 日，中华人民共和国国防部命名他生前所在班为“雷锋班”。同年 3 月 5 日《人民日报》发表毛泽东题词“向雷锋同志学习”，后把每年的 3 月 5 日定为学雷锋纪念日。全国广泛开展学习雷锋的群众运动。

·创作背景·

《雷锋日记》是雷锋自 1957 年至 1962 年所写日记及其他文字整理的合集（其中记录了雷锋做的部分好事），是在雷锋去世后由前进报社等组织整理的。1963 年 4 月，《雷锋日记》由解放军文艺出版社出版发行。

·作品速览·

《雷锋日记》汇集了雷锋 22 年人生历程中所写下的文字，包括日记、讲话、书信、散文、诗歌、小说等，全面、真实地展现了一个鲜活可爱的雷锋。

读者能够通过此书了解雷锋的人生经历，感受平凡而伟大的雷锋精神。

·文学特色·

《雷锋日记》内容丰富、语言朴实、短小精悍、笔调阳光，有相当多的篇幅表达了雷锋热爱党、热爱祖国、热爱社会主义的炽热情感。《雷锋日记》的选材是具有现实意义的，作品以“爱”为主题，感染着读者，也体现着社会现实对作品的影响。

日　记

1958年

名师导读

本节选了雷锋的三篇日记，通过这三篇简短的日记，我们能够清楚地了解雷锋是一个怎样的人。让我们一起来认识雷锋吧。

6月7日

❶排比 一系列的问句表达了作者对革命、对国家的忠诚及想要让世界更美丽的心愿，引人深思。

……[①]如果你是一滴水，你是否滋润了一寸土地？如果你是一线阳光，你是否照亮了一分黑暗？如果你是一颗粮食，你是否哺育了有用的生命？如果你是一颗最小的螺丝钉，你是否永远坚守在你生活的岗位上？如果你要告诉我们什么思想，你是否在日夜宣扬那最美丽的理想？你既然活着，你又是否为未来的人类的生活付出你的劳动，使世界一天天变得更美丽？我想问你，为未来带来了什么？在生活的仓库里，我们不应该只是个无穷尽的支付者。

6月20日

读《沉浮》以后，这本书给了我深刻的印象，其中沈浩如和简素华的恋爱故事教育了我。[①]我认为简素华的那种坚强不屈的意志，那种高尚的共产主义风格，那种克服困难的决心和信心，那种艰苦朴素的工作作风，那种对群众的关怀精神，是值得我学习的。沈浩如同志是一个有严重资产阶级意识的人，处处只为个人打算，怕吃苦，他那些可耻的行为，我坚决反对。

❶言志

表明作者对书中人物的敬佩以及行动的目标。而事实上，他也是这么做的。

6月×日

一、保证克服一切困难，勤学苦练，早日学会技术。

二、保证破除迷信，大闹技术革命。

三、保证维护好机械，做到勤检查，勤注油；保证全年安全生产，不出机械和人身事故。

[②]四、保证以冲天的革命干劲，以百战百胜的精神，苦干、实干、巧干，超额完成生产任务。

五、保证百分之百地参加学习和各种会议，以求得政治、文化、技术各方面的提高。

六、保证做好社会宣传工作，敢想、敢说、敢干，发挥一个共青团员应有的热能。

❷直抒胸臆

从作者一一列举的目标，可感受到他的干劲、拼劲和坚定的决心。

精华赏析

雷锋从《沉浮》中得到启示：要坚持艰苦朴素的作风，发扬高尚的共产主义风格，摒弃资产阶级意识。在生活中，我们要向雷锋学习，抛弃自私自利的不良思想，学会为他人着想。

延伸思考

1. 我们应该怎样做才不会只是一个“支付者”？

2. 通过这三篇日记，你觉得雷锋是一个怎样的人？

3. 在第三篇日记所列出的条目中，你觉得哪一个更重要？

相关链接

《沉浮》是作家艾明之于1957年出版的长篇小说。这部小说讲述了女主人公简素华从上海护士学校毕业后，怀着远大的理想，奔赴最艰苦的北方工业建设基地，把自己的青春献给壮丽的社会主义事业的故事。

1959年

名师导读

本节选了雷锋的两篇日记，在这两篇日记当中，既提到了雷锋的决心，还提到了他对党的誓言和热爱，以及他爱护国家财产、具有奉献精神的事迹。

8月26日

自从由鞍山转到弓长岭以来，自己就抱定决心：一定要很好地工作、学习，争取加入中国共产党。[①]对各种学习任务都能认真完成；自学较好，每天早晨学习一小时，晚上总是要自学到深夜10至11点钟；早晨坚持做早操，没有违反过纪律，都能按规定去做。今后，我应当继续加强组织纪律性，同违法乱纪作斗争，严守纪律，听从指挥，做好机器检查和保养，保证安全，消灭事故。努力学习政治，开展思想斗争和批评与自我批评，加强团结，虚心学习。

❶叙述

作者简要地叙述了自己这段时间的学习和生活，可以看出他是个积极向上、严于律己的人。

11月14日

今天，我感到特别的高兴。一天紧张的工作过后，一点儿也不觉得疲劳，我感到浑身是劲。深夜了，我还坐在车间调度室里，看一本学习毛泽东同志的思想方法和工作方法的书，真使我看得入了迷，越看越使我感到毛主席的英明和伟大。

深夜 11 点钟了，走出门外，天黑得伸手不见五指，这时突然下起雨来了。陈调度员说，我们建筑焦炉工地上，还散放着 7200 多袋水泥。陈调度员急得一时手足无措……[1]雨越下越大，这时，我猛然想到了党的教导，要我们爱护国家的财产，又想到了我是一个共青团员。想到这些，一种无穷的力量鼓舞着我急忙跑到工地，用自己的被子，并脱下了衣服，抢着盖在水泥上。后来，我又跑到宿舍，发动了二十多个小伙子，组织了一个抢救水泥的突击队。他们有的忙着找雨布，有的忙着找芦席，盖的盖，抬的抬。经过一场紧张的战斗，避免了国家的财产受到重大的损失。

这时，我才松了一口气。抹掉了头上的汗，带着乐观的心情，昂首阔步回到了宿舍，回忆自己为国家、为党做的一点点工作而高兴。

❶**心理描写**

通过心理描写，我们能够感受到作者对于自己是共青团员感到无比骄傲，并且他从小事做起，有着奉献精神。

精华赏析

在这一年的日记当中，我们能够感受到雷锋是一名非常称职的共青团员，他时刻想着如何加强学习，如何帮助他人，时刻贯彻着党的方针政策。

延伸思考

1. 从这一年的日记中，我们能够知道雷锋做了什么好事？

2. 你觉得我们应该学习雷锋的哪些优点？

相关链接

雷锋在参加工作的第二年（1959年），迎来了当兵的机会，这一年他所在的弓长岭铁矿有许多优秀青年报名参军。

1960年（上）

名师导读

当雷锋参加了中国人民解放军之后，他心里是怎么想的呢？他对自己的未来有什么要求呢？让我们一起来读一读。

1月8日

❶叙述

从这段文字中，我们能够读出参军对作者的重大意义和他的感受。

[①]这天是我永远不能忘记的日子，这天是我最大的荣幸和光荣的日子。我走上了新的战斗岗位，穿上了黄军服，光荣地参加了中国人民解放军。我好几年来的愿望在今天实现了，真感到万分高兴和喜悦。这是我一生最大的幸福。

在党的正确领导下，在革命的大家庭里，我一定要好好地锻炼自己，在入伍的这一天，我提出如下保证：

一、听党的话，服从命令听指挥，党指向哪里，我就冲向哪里。

二、加强政治学习，多看报纸和政治书籍，按时参加部队各种会议和学习，积极宣传党的政策，密切靠近组织，及时向组织反映各种情况，不断提高自己的政治思想觉悟。

三、尊敬领导，团结同志，互帮互爱互学习。

四、严格遵守部队一切纪律，做到虚心向老战士学习，刻苦钻研，加强军事学习，随时准备打击敌人。

五、克服一切困难，发扬先辈优良的革命传统。我要坚决做到头可断，血可流，在敌人面前决不屈服、投降。我一定要向董存瑞、黄继光、安业民等英雄学习。

六、①我要努力学习政治、军事、文化知识，我要好好地锻炼身体。我一定要在部队争取立功当英雄，我一定要做一个毛泽东时代的好战士，我要把我可爱的青春献给祖国最壮丽的事业。

❶直抒胸臆

作者认为：想要成为好战士，不仅要身体好，也要知识丰富。这段话表明了他为国奉献的决心和豪情。

以上六条是我努力的方向和奋斗目标。今天我太高兴、太激动了，千言万语一下要写完是办不到的，因此写到这里告一段落。

我渴望已久的参加中国人民解放军的理想实现了，怎能叫我不高兴呢！我恨不得把我的心掏出来献给党才好。②晚上我怎么也睡不着，我的心就像大海的浪涛一样，好久不能平静。

❷比喻

简洁的句子突出了作者内心的激动和兴奋，表现了他对党的热爱之情。

我，一个在旧社会受苦受罪的穷苦孤儿，现在成为一名国防军战士，得到党和首长的信任，受到战友们的热爱，我真不知说什么好！

在这个革命的大家庭里，首长胜过父母，战友亲过兄弟。这一切只有在党的领导下的人民军队里才能得到。

我一定不辜负党对我的教育和期望，我决心保持和发扬我们弓长岭矿全体职工的光荣传统，军政学习争优秀，全心全意保卫国防，成为一个优秀的国防军战士。

1月18日

雷锋同志：

[1]愿你做暴风雨中的松柏，
不愿你做温室中的弱苗。

❶对比
作者以对比表现出他想要成为一名坚强的战士的决心。

（自己题）

1月 × 日

小青年实现了美丽的理想，
第一次穿上庄严的军装，
急着照镜子，
心窝里飞出了金凤凰。
[2]党分配他驾驶汽车，
每日就聚精会神坚守在车旁，
将机器擦得像闪光的明镜，
爱护它像爱护自己的眼睛一样。

❷比喻
作者以诗歌的形式描写了自己能够为党的建设添砖添瓦的喜悦之情，把机器当“自己的眼睛”来对待，可见他对机器的爱护，表现了他的尽忠职守。

2月×日

可以说在我的周身的每一个细胞里，都渗透了党的血液。

为了忠于党的事业……今后，我一定要更好地听从党的教导，党叫我干什么，我就干什么，决不讲价钱。

读书笔记

6月5日

要记住：

“在工作上，要向积极性最高的同志看齐；在生活上，要向水平最低的同志看齐。”

6月×日

因公外出，我在沈阳车站，看见一个老太太在汽车旁焦急地徘徊着，像是有什么困难。①我上前询问，一看证明，原来这位老太太是从山东来部队找她儿子的，路费用光了。我了解清楚后，立即请她老人家吃了饭，并给她买好到她儿子驻地的车票。本月8日，这位老太太的儿子给我们部队首长写来了一封感谢信。

①细节描写 作者记下了他所做的千万件好事中的一件，在他眼中，帮助别人是一件极自然的事。

作为一名解放军战士，雷锋在他人遇到困难时毫不犹豫地伸出援手，可见雷锋是一位合格的军人。

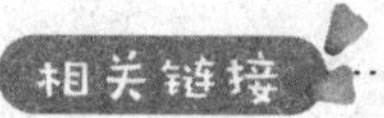

1. 概括雷锋入伍后的心情。

2. 请仿照文中的诗歌写一首诗。

3. 读完这上半年的日记，你觉得雷锋是一个怎样的人？

相关链接

雷锋是在1960年参加中国人民解放军的，后来被分配到运输连当驾驶员，不久又被抽调到团里的战士业余演出队，一个月后回到运输连，雷锋很快就成为一名合格的汽车驾驶员。

1960年（下）

名师导读

在中国历史上，1960年是非常艰难的一年。在这一年，我国遭受了严重的自然灾害，面临经济困难。我们来看看这一年雷锋经历了什么吧。

8月20日

[①]望花区成立了一个人民公社，我把平时节约下来的100元钱，支援了他们；辽阳市遭受了洪水的灾害，我把省吃俭用积存的100元钱寄给了辽阳灾区人民。有些人说我是“傻子”，是不对的。我要做一个有利于人民、有利于国家的人。如果说这是“傻子”，那我是甘心愿意做这样的“傻子”的。革命需要这样的“傻子”，建设也需要这样的“傻子”。我就是长着一个心眼儿，我一心向着党，向着社会主义，向着共产主义。

❶夹叙夹议 作者通过事例引出对“傻子”一词的讨论，并表明自己的看法：为人民付出的“傻子”不傻。

10月21日

今天吃过早饭，连首长给了我们一个任务，上山割草拉回来盖菜窖。……到了12点，排副吹起了集合的哨子，大家拿着自己从连里带来的一盒饭，到达了集合地点。排副说："你们吃中饭吧。"

❶对话、行为描写……从这段描述中可看出作者是个细心、体贴、友爱同志的人。

[①]我发现王延堂同志坐在一旁看着大家吃饭，便走到他跟前，问他为啥不吃饭。他回答说："我今天早上吃了两盒饭，没有带饭来。"于是我拿出了自己带的一盒饭给他吃。我虽然饿一点，但让他吃得饱饱的，这是我最大的快乐。我要牢牢记住这段名言：

对待同志要像春天般温暖，
对待工作要像夏天一样火热，
对待个人主义要像秋风扫落叶一样，
对待敌人要像严冬一样残酷无情。

11月8日

1960年11月8日，是我永远不能忘记的日子。今天，我光荣地加入了伟大的中国共产党，实现了自己最崇高的理想。

❷叙述……作者简要地讲述了自己的经历，正是因为有了毛主席和伟大的共产党，才有了如今的自己，因此他十分感激党和毛主席。

我激动的心啊！一时一刻都没有平静。伟大的党啊！英明的毛主席，有了您，才有了我的新生命。当我在九死一生的火坑中挣扎和盼望光明的时刻，是您把我拯救出来，给我吃的、穿的，还送我上学念书。[②]我念完了高小，戴上了红领巾，加入了光荣的共青团，参加了祖国的工业建设，又走上了保卫祖国的战斗岗位。在您的不断培养和教育下，我从一个孤苦伶仃的穷孩子，成长为一个有一定知识和觉悟的共产党员。

伟大的党啊，您是我慈祥的母亲！我所有的一切都是属于您的，我要永远听您的话，在您的身下尽忠效力，永做您忠实的儿子。

今天我入了党，我变得更加坚强，思想和眼界变得更加开阔和远大。我是一个共产党员，人民的勤务员。为了全人类的自由、解放、幸福，哪怕高山、大海、巨川，为了党和人民的事业，就是入火海进刀山，我甘心情愿，头断骨粉，身红心赤，永远不变。

读书笔记

11月21日

①今天是我永远不能忘记的日子。下午1点半钟，我在沈阳军区工程兵部见到了上级首长。首长像慈父般关怀和关爱我，在这最幸福的时刻，我高兴得连话也说不出来，只是流出了激动的热泪。政委对我说："受了阶级的压迫，受了民族的压迫，你没有忘本，很好啊！在旧社会受阶级压迫、剥削……穷人没出路……你听了毛主席的话，做了很多工作，做得很对。今天我们革命，不能忘本，忘本就很糟糕。以前做得很好，今后要继续这样做。要读毛主席的书，听毛主席的话，忠实于党，忠实于人民，忠实于毛主席。做出成绩，什么时候都是应该的，我们革命者不能满

❶心理、语言描写

从这段描写中，可以感受到作者见到上级首长时的激动心情，而首长的劝诫和表扬也让作者受益匪浅，让他更加坚定跟着党走的信念。

足。要更加虚心，对领导要尊敬，对同志要团结，要努力做毛泽东时代的好战士，要做一个模范的共产党员。”[1] 首长的教导，我深深地印在脑海里。我一定要好好学习和工作，永远听党的话，听毛主席的话，跟党走，做毛主席的好战士。

❶叙述

简单的文字，展示了作者的决心。

12 月 27 日

“……不怕饥饿，不怕寒冷，不怕危险，不怕困难。屈辱，痛苦，一切难于忍受的生活，我都能忍受下去！这些都不能丝毫动摇我的决心，相反的，是更加磨炼我的意志！我能舍弃一切，但是不能舍弃党，舍弃阶级，舍弃革命事业。”

永垂不朽的革命烈士——方志敏同志是我永远学习的榜样。[2] 我出生在一个很贫穷的农民家庭，在旧社会受尽了折磨和痛苦，在慈祥的母亲中国共产党的不断哺育和教导下，成为一个国防军战士、光荣的共产党员。我要时刻准备着为党和阶级的最高利益，牺牲个人的一切，直至生命。

❷比喻

作者感谢带给自己美好生活的中国共产党，将党比作“慈祥的母亲”，表现出作者对党的爱和忠诚。

精华赏析

别人遇到了困难，雷锋总是伸出援助之手。在社会主义大家庭里，我们也要互相关爱，互帮互助，为社会的和谐做出一份贡献。

延伸思考

1. 你觉得雷锋是“傻子”吗？

2. 雷锋加入中国共产党时的心情是怎样的呢？

3. 把方志敏同志的事迹找来读一读，然后写下你的感悟。

相关链接

1960年8月，雷锋带病参加了上寺水库抢险救灾，奋战了七天七夜，被团党委记二等功一次；同月，雷锋把节约下来的钱捐给了望花区人民公社和辽阳市灾区人民。11月，雷锋加入中国共产党。

1961年（上）

名师导读

在这一年里，雷锋帮助了很多人，在日记中留下了痕迹。让我们一起来阅读这一年的日记，走进雷锋的内心世界。

1月18日

❶比喻

这段话是作者的经典名言，他认为只要有一颗不怕困难的心，就一定能战胜困难。

[1]在我们前进的道路上，不可能不遇到一些暂时的困难，这些困难的实质，“纸老虎”而已。

问题是我们“见虎而逃”呢，还是“遇虎而打”？

“哪儿有困难就到哪儿去”——不但“遇虎而打”，而且进一步“找虎而打”，这是崇高的共产主义风格。

2月2日

今天，我从营口乘火车到兄弟部队作报告。下车时，大北风刺骨地刮，地上盖着一层雪，显得很冷。我见到一位老太太没戴手套，两手捂着嘴，口里吹一点热气温手。我立即取下了自己的手套，送给了那位老太太。老人家望着我，满眼含着热泪，半天说不出话来……一路上，我的手虽冻得像针扎一样，心中却有一种说不出的愉快。

2月17日

今天是春节假期的第四天。吃早饭的时候，连值班员说：“上午9点集合，到和平俱乐部看电影。”有一个同志问了一句：“是什么片子？”他说：“是《昆仑铁骑》。”[①]大家都说：“好极了，可不要错过这个机会。”我一边吃饭，一边想：春节五天假期过完了，十九号就要开始冬训。为了响应党的号召，支援农业第一线，争取今年农业大丰收，我还是去多积点肥，支援人民公社。这样做有两个好处：第一，以实际行动支援农业，对社员们是一个鼓舞，同时也更密切了军民关系。第二，替居民搞了卫生。因小孩在屋前屋后拉了很多大粪，看起来脏得很，我去把大粪捡起来，给居民把地扫干净。这真是一件一举两得的好事，既搞了卫生又积了肥。说干就干，我推着手推车，拿着铁锹和粪筐，走到了望花区北后屯，看见了工人住宅的屋前屋后有很多一小堆一小堆的粪便，我便立刻捡了起来。一位老大爷从宿舍里出来，很惊奇地问我：“军人同志，你们过节还不休息吗？”[②]我回答说：“响应党的号召，捡点大粪，支援农业，争取今年大丰收嘛。”那位老大爷点点头，笑着说：“好啊好啊，你真想得周到，过年也不歇着，捡大粪送给公社，这得好好地表扬啦，这种精神也值得大伙儿学习呀。”我对老大爷说：“支援人民公社，这

❶语言描写

从大家集体喊“好”可以看出，《昆仑铁骑》是一部很不错的电影，很受大家的期待。

❷前后照应

作者的话表明了他捡大粪的原因，和前文介绍积肥的两个好处形成了前后呼应，使文章结构更加紧密。

是我应尽的义务。”那位老大爷很热情地叫我到他家里去休息一会儿，我谢了谢他老人家的好意，推着车子走了。到了下午2点钟，我捡了满满一车粪，送给了望花区工农人民公社。人民公社的负责同志都很受感动……

3月4日

今天，连长发给我一支新枪，我真像得到了宝贝一样，乐得连话都说不出来。看看那锋利而发亮的刺刀，摸摸那光滑的机柄，数着崭新的子弹，我简直高兴得不知如何是好，生怕把枪弄脏了。看到枪机上落了一点点灰尘，我立即从衣兜里掏出自己心爱的手绢，把枪擦得一干二净。

①人民给我这支枪，我一定要好好保管和爱护，向党和人民保证，决心勤学苦练，定要练出真正的硬本领，坚决保卫我们的社会主义建设，保卫我们伟大的祖国，随时准备给侵略者以致命的打击。

❶心理描写　这段话描述了作者的内心世界，体现了他的心愿和爱国之情。

这支枪是我的，是革命给我的！

要想从我这里夺去，我宁愿战斗而死！

对党和人民要万分忠诚，对敌人越诡诈越好。

4月16日

②热情，像熊熊的火焰，是一切的原动力！

有了伟大的热情，才有伟大的行动！

❷比喻　作者将自己的热情比作熊熊的火焰，突出了他高昂的热情，为后文他和社员们热火朝天地翻地做了铺垫。

今天是星期日。有的同志叫我上街看电影，我想起了一件事：党号召要大办农业，以粮为纲。这风和日丽的春天，正是农忙的季节，公社的社员们都在紧张而又忙碌地耕地、播种。我是一个农家的孩子，现在虽然成了一名祖国的保卫者，可是我有责任支援农业，改变农村的面貌，为农业早日机械化、电气化贡献一点力量。

想到这些，我哪里有心看电影呢？我拿着铁锹跑到了抚顺李石寨人民公社万众生产大队，和社员们一起翻地。他们的革命干劲深深地教育和鼓舞了我，他们建设新农村的革命热情是万分高涨的。[①]我真正懂得了群众的力量能移山填海，只有群众的力量是无穷无尽的，一个人的力量总是沧海一粟。我决心永远和群众牢牢地站在一起，为人类最美好幸福的生活而斗争。

读书笔记

❶对比

通过对比，突出了发动群众的重要性。

4月23日

今天早上接到上级首长的指示，要我到旅顺海军部队汇报。上午10点15分，我乘火车离沈（阳）去旅（顺）。列车上的旅客很多，我看服务员忙不过来，心想：自己是一个共产党员，共产党员的任务就是全心全意为人民服务。在这种情况下，我应当做一名义务服务员，为旅客们服务。我把自己的座位让给了一个老大娘，自己在车上找到了一把扫帚，挨个扫完了整个车厢，接着又擦玻璃和车厢，而后给旅客们倒开水。[②]有个老太太很亲切地对我说："孩子，看你累得满头大汗，该休息啦。"

❷语言描写

通过老太太的话表现出群众对作者的认可，以及作者的真诚。

读书笔记

我回答说："没什么！"……一个大尉首长站起来握着我的手说："大家应该向你学习。"我对首长说："为人民服务，这是我应尽的义务。"

列车在飞奔，旅客们个个心情舒畅，有的打扑克，有的唱歌，有的唠家常，还有的妇女逗小孩，广播员播送各种新闻和好听的歌曲，整个车厢充满了愉快和欢乐。

"旅客们注意啦！现在我们车厢要选一位旅客安全代表。"乘务员说。一位旅客站起来说："选这位解放军同志，大家同不同意啊？"旅客们异口同声地说："好。"我真感到这是同志们对我高度的信任，那么，我应该更好地关心大家。[①]和旅客打交道，真是好极了，原先不认识的，也认识了，亲热得像一家人一样，真是有啥说啥。旅客们有事都找我，但我并不感到麻烦，反而觉得荣幸。

①叙述

通过叙述，可见旅客们和作者之间关系融洽、亲近，表现出了旅客们对作者的信任和认同。

4月27日

今天上午，我在旅顺海军××舰上，向海军首长和战友汇报了自己的工作、学习和生活情况，以及在两个不同的社会里的两种不同的命运的情况。当我讲到在旧社会那种悲惨遭遇时，舰长和海军战友们都掉下了眼泪，我更是悲痛万分！我是无产阶级革命战士，只有化悲痛为一切前进的力量，将革命进行到底，为人类的解放而斗争。

①下午1点钟，我乘火车离旅顺回沈阳。在列车上我看到一位有病的老大爷，我把座位让给了他老人家，并问他是什么病，他半天才说了一句："痨病，十多年啦！"我问他在旅行当中有什么困难。他说："我到安东还差1元钱买车票，而且还没吃午饭呢！"毛主席教导我们说："我们的同志不论到什么地方，都要和群众搞好关系，要关心群众，帮助他们解决困难。"于是，我帮助他解决了旅途中的困难。

❶叙述

作者时刻不忘为人民服务，看到生病的老大爷，他马上让座，并关心地询问老大爷的情况，他是把人民放在心上的。

5月3日

我看到一位同志做了一件损公利己的事，心里过不去，立即批评和制止了他。爱护国家和人民财产是我的责任，不能不管，今后还应该大胆地管。

牢牢记住，并且要贯彻到自己的生活和实际行动中去——革命的利益高于一切，处处为集体利益而不惜牺牲个人的一切。

毛主席说过："无数革命先烈为了人民的利益牺牲了他们的生命，使我们每个活着的人想起他们就心里难过，难道我们还有什么个人利益不能牺牲，还有什么错误不能抛弃吗？"我想那位同志太自私自利了，没有集体主义思想。②对于这种人脑子中落后的东西，我们要去扫除，就像用扫帚扫房子一样，从来没有不经过打扫而自动去掉的灰尘。坚决按照毛主席的指示办事。

❷比喻

一个惟妙惟肖的比喻展现了作者对他人自私行为的不屑。

5月20日

目前，我们的军事训练很紧张，干部战士为工作、学习简直忙得不可开交。[①]晚饭后的一个小时休息时间，大家都主动地到地里搞生产，有些战友连上街理个发的时间也抽不出来。根据这种情况，首长给我们买了三套理发的工具，要我们自己互相理发，可是又没有人懂得理发的技术，都是外行。咋办呢？学习了毛主席的著作后，我心里开了窍。毛主席说："你要有知识，你就得参加变革现实的实践。"还说："要使不懂得变成懂得，就要去做去看，这就是学习。"毛主席的话给了我很大的启发。我利用业余时间，跑到附近的理发店，请教理发师，在理发师的耐心指导和帮助下，学会了基本的操作方法。

❶叙述

从连理发都没时间，可以看出军事训练的紧张程度，也突出了战士们一心为公的态度。

[②]我第一次给战友刘正武理发时，总是感到手不顺心，推剪时经常会夹头发，一个头还没有理到一半，他就说："剪刀夹得头皮痛，不剪了。"头一次学理发失败了。

❷叙述

作者描述了第一次理发的不顺利，为后文他的多次学习埋下伏笔。

但我并没有灰心，又拿起毛主席的书来看。毛主席说："任何新生事物的成长都是要经过艰难曲折的。在社会主义事业中，要想不经过艰难曲折，不付出极大努力，总是一帆风顺，容易得到成功，这种想法，只是幻想。"这就告诉了我，无论做什么，都不是轻而易举的，要想把事情办好，一定要经过艰苦的努力，不怕失败，从失败中吸取教训，这样才能取得成功。

在毛主席的思想指导下，我鼓足了勇气，午休不睡觉，跑到理发店继续学习，在理发师的热情帮助下，一次、两次、三次，终于学会了理发。①现在战友们都愿意要我理发了，到了星期六或星期日，我就忙不开。以前不要我理发的刘正武战友，也主动地要我给他理发了。

①对比

此处与作者第一次为战友理发时的情景形成对比，突出了作者理发技术的进步之大。

精华赏析

雷锋总是把别人的需要放在第一位，从不为自己着想，随时随地发扬助人为乐的精神，正所谓“送人玫瑰，手有余香”。

延伸思考

1. 遇到问题的时候，你会选择“见虎而逃”，还是“遇虎而打”？

2. 在这部分日记中，雷锋做了哪些好事？请列举出来。

3. 读完这部分日记，你有什么感悟呢？

相关链接

古人说，“勿以善小而不为，勿以恶小而为之”。雷锋就是这样做的，他每天都在帮助别人，奉献自己，在帮助别人时他感到快乐。同时，他还在日记中时常反思自己。

1961年（下）

名师导读

我们都知道，雷锋喜欢帮助他人，让我们一起阅读雷锋的这部分日记，看一下雷锋在做好事的时候是怎么想的，在做完好事之后又有哪些感触。

8月6日

我看见有六位六七十岁的老太太来参加抚顺市第四届人民代表大会，内心十分羡慕和尊敬。我看到她们就好像看到了自己的祖母一样。①我拉着她们的手，微笑着向她们问好，并把她们一个个送到宿舍，给她们倒茶、打水……并和她们有趣地拉家常……从阶级友爱出发，我不但爱这些老太太，而且爱全国人民，爱全世界的穷苦大众。他们都是我的亲人，我要为他们的自由、解放、幸福而贡献自己毕生的精力，直至最宝贵的生命。

❶细节描写 这段描述展示了在作者眼中，爱护人民、奉献自己是最重要的。

10月2日

我做事，老好一个人去干，不爱叫别人，生怕人家不高兴。就拿扫地来说，我每天早上忙得不可开交，有的同志却闲着没事。自己累得够呛，可是扫的地段不大。有时室外卫生没有及时打扫，首长看了不满意，我为这个问题真有点着急。

今天连长找我谈话，句句打动了我的心。①他说："火车头的力量很大，如果脱离了车厢，就起不到什么作用。一个人做工作，如果脱离了群众，就会一事无成……"连长的话给了我很大的教育和启发，使我懂得了一个人只有和集体结合在一起才能最有力量。

❶语言描写

连长的话，说明一个人再厉害，不和群众想在一处、干在一处是不行的，为后文埋下伏笔。

今天我发动了全班的同志打扫卫生，由于大家一齐动手，很快就把室内室外打扫得干干净净。事实证明连长的话是正确的。今后我无论做什么，一定要走群众路线，依靠群众，发动群众，团结群众，一道为社会主义建设和实现共产主义而贡献力量。

10月14日

高奎云同志是新调来我班的一个好同志。②他出身贫农家庭，过去受过苦，现在革命热情高，工作能吃苦。他来自农村，学习少，政治觉悟比较低，对各种问题的看法有时片面……和同志们比较起来是落后了。我觉得这个同志有一个最大的特点，就是敢于改正缺点和错误。

❷叙述

作者以简要介绍塑造出一个丰满、立体的人物形象。

读书笔记

从这点来看，还是有办法的。我们班有的同志对他的看法不好，说他是个落后分子，就因他调到我们班，有的同志不大满意……针对这个矛盾，我组织大家学习了毛主席的有关著作。毛主席说："共产党员对于落后的人们的态度，不是轻视他们，看不起他们，而是亲近他们，团结他们，说服他们，鼓励他们前进。"通过学习和讨论，大家统一了认识，改变了态度。

高奎云同志调到我班的第三天就病了。我想起了毛主席的教导："我们都是来自五湖四海，为了一个共同的革命目标，走到一起来了。""我们的干部要关心每一个战士，一切革命队伍的人都要互相关心，互相爱护，互相帮助。"我觉得自己有重大责任去关心他，体贴他，给予他温暖。一清早，我请卫生员给他看了病，并给他打开水吃药，打洗脸水给他洗脸，做病号饭送给他吃，把自己的棉大衣给他盖在身上，安慰他好好休息。到澡堂洗澡的时候，我给他擦澡……在生活方面我给予他适当的照顾。[①]他激动地对我说："班长，你对我太关心了，人心都是肉长的，我再不好好干，也说不过去了。"第四天一早，他就主动地打豆子去了。我们吃早饭的时候，他打了一麻袋豆子背了回来。

❶语言、行动描写

通过描述，我们知道善意是可以传递的，善意是有力量的，这也是雷锋的伟大之处。

10月15日

今天是星期日，我没有外出，给班里的同志洗了五床褥单，帮高奎云战友补了一床被子，协助炊事班洗了六百多斤白菜，打扫了室内外卫生，还做了一些零碎事……总的来说，今天我尽到了一个勤务员应尽的义务，虽然累了点儿，也感到很快活。[1]班里的同志感到很奇怪，不知道谁把褥单都洗得干干净净的。高奎云同志惊奇地说：“谁把我的破被子换走了……”其实他不知道是我给他补好的呢！我觉得当一名无名英雄是最光荣的。今后还应该多做一些日常的、细小的、平凡的工作，少说漂亮话。

❶侧面描写

从战友们的反应可以看出雷锋是悄悄做好事，表现出作者无私奉献的精神。

10 月 16 日

高楼大厦都是一砖一石砌起来的，我们何不做这一砖一石呢？我之所以天天都要做这些零碎事，就是为此。

11 月 27 日

今天下大雨，我想到咱们车场放了两堆苞米，虽然用雨布盖上了，但是我还不放心，跑去一看，发现苞米被雨淋湿了不少。我真心疼极了……我立刻组织了全班的同志冒雨收苞米。[2]同志们有的拿大筐，有的拿麻袋，装的装，抬的抬，很快就把两千多斤苞米搬到了屋里，免遭损失。虽然衣服湿了，但是粮食收回来了，自己放心，心里快活了。

❷动作描写

“拿”“装”“抬”“搬”多个动词的使用，突出战士们的干劲儿。

精华赏析

钉子虽小，但是“挤”和“钻”的精神是不容忽视的，我们要把这种“挤”和“钻”的精神运用到学习中，积少成多，就会学到更多的知识。

延伸思考

1. 你赞同雷锋对待高奎云同志的做法吗？为什么？

2. 在日常生活中，你觉得自己可以做哪些事给予别人帮助？

3. 雷锋为什么要做“零碎事”？

相关链接

由于表现突出，雷锋在1961年被选为辽宁省抚顺市第四届人民代表大会代表，并出席了抚顺市第四届人民代表大会第一次会议。后来他还被提拔为运输连四班班长。

1962年（上）

名师导读

1962年的冬天非常冷，寒风刺骨，但是雷锋并没有因为这种艰苦的环境而后退，他仍然坚守在工作岗位，认真负责地完成自己的任务。

1月16日

今天下了大雪，刮着刺骨的北风。为了使车辆经常保持良好的技术状态，随时开得动，我和韩玉臣同志主动到车场保养车辆。我们双手拿着冰冷的工具，调整和修理铁的机器，的确冷得很，有时手拿着铁的机件，手和机件就粘在一起了。[①]特别是双手伸到汽油里去清洗机件，更把手指冰得好像针扎一样，我真想去烤烤火。可是，一想起连长在军人大会上的报告“在三九天里保养车是一个艰巨的战斗任务，过硬的功夫是在冰天雪地里锻炼出来的”，我就感到有一股暖流立刻传遍了全身，觉得有了无穷的力量，打消了烤火的念头，继续清洗机件。经过八个多小时的野外苦战，终于把汽车保养好了。虽然手被冻裂了口子，但是锻炼了自己的意志，提高了

❶细节描写　作者对手指感觉的描写，体现了天气的寒冷。

技术。

2月5日

今天是大年初一，大家都愉快地欢度新春佳节，有的打球，有的下棋，有的同志上街看电影，玩得够痛快……

❶心理描写
从作者的内心独白可以看出他一心为公、无私奉献的精神。

[1]我和同志们打了两盘乒乓球，心里觉得有件什么事没做似的。我想了想，每逢过年过节是人们探家和走亲戚的好日子，这个时候也正是各种服务部门和运输部门最忙的时候，这些地方是多么需要人帮忙啊！

我向副连长请了假，便直奔抚顺车站。我刚到，正好一列火车进站。我看到一位老太太很吃力地背着一个大包袱上火车，便急忙跑上前，接过那位老太太的包袱，扶着她安全地上了车，给她老人家找了个座位，我才放了心。我要下车的时候，那位老太太紧紧地握着我的手说："你真是毛主席和共产党教育出来的好兵……"

❷语言描写
从群众的话语中，可以看出他们感激解放军，也更爱解放军了，这让作者感到无比幸福。

我拿着扫帚扫候车室的时候，车站的主任对我说："你辛苦啦，休息休息吧。"我没有休息，我觉得这是自己应尽的义务。[2]我给旅客们倒开水的时候，他们说："解放军真好，处处关心人。"我这样做，能使人民群众更加热爱党，热爱毛主席，热爱解放军，这就是我感到最幸福的。

2月19日

今天是我永远不能忘的日子。像我这样一个穷孩子，能光荣地参加这次沈阳部队召开的首届团代会，我感到万分激动，能见到上级首长，直接听到首长的报告和指示，更是感到荣幸。首长特邀我参加这次隆重的团代会，并选我为主席团的成员，能和首长坐在一起，能和来自四面八方的英雄模范见面，等等，这一切都是我过去做梦也想不到的。我这次参加团代会，既感到高兴，又感到惭愧。[1]高兴的是，有党和毛主席的好领导，全军共青团工作取得了巨大的成就；惭愧的是，我为党和人民做的工作太少了，比起其他的代表，我差得太远了。但是我决不甘心落后。我想，只要听党和毛主席的话，积极肯干，就能为祖国、为人民做出许多好事。我相信自己，别人能做到的事，我一定能做到。我决不辜负党和人民对我的期望，决心从以下几个方面努力：

一、永远听党和毛主席的话，党指向哪里，我就冲向哪里，处处以整体利益为重，全心全意为革命工作，勤勤恳恳，踏踏实实，在平凡细小的工作当中，干出不平凡的业绩。

二、好学。我要认真学习毛主席的著作，刻苦钻研技术和业务……决心做个又红又专的革命战士。

三、我要密切联系群众，相信群众，虚心向群众学习，团结带领群众一同前进，永不自满，永不骄傲，永远谦虚谨慎，紧紧地与群众团结在一起，共同为党的伟大事业而奋斗。

四、[2]我要积极肯干，做到说干就干，干就干好，

❶心理描写

内心的活动，展示了作者将更加严格地要求自己，会更加努力、更加进步。

❷叙述

由作者对自己的要求，可以看出他是个积极肯干、不怕艰难的人，他能实事求是、脚踏实地地干事。

读书笔记

脚踏实地、实事求是地干，千方百计地干，事事拣重担子挑，顺利时干得欢，受挫折时也要干得欢，扎扎实实地干，一定要把事情办好。

4月 × 日

奉军区首长指示，我要去长春机要学校作报告。今天中午12点乘25次快车从沈阳出发。火车上的人很多，我让座给一位老太太坐下，并给她倒了一杯开水。因她老人家没吃午饭，我又拿出自己没舍得吃的面包送给她吃。这位老太太很受感动，紧握着我的手说："好心啊！好心人！"当时我也很激动，不知说啥好。

我除了照顾这位老太太，还帮助服务员扫车厢、擦车厢，给旅客们倒开水，帮炊事员卖饭……很多人都要我休息一会儿。我想：为人民服务嘛，少休息点又算得了什么呢？[①]我还听到很多旅客同志议论说："这位解放军同志真勤快，什么都干，累得满头大汗也不休息。"我觉得自己累一点算不了什么，只要大家多得些方便，就是我最大的快乐。

❶语言描写 从旅客对作者的评价，可以看出大家对作者的肯定以及作者的一心为他人。

5月2日

今天下午我在保养汽车，突然天下大雨。我正在盖车的时候，见到路上有一位妇女，左手抱着一个小孩，右手拉着一个五六岁的孩子，左肩上还背着两个行李包，走起路来真是很吃力。我急忙跑上前，问她从哪儿来，到哪儿去。她说：“从哈尔滨来，到樟子沟去。”①她还告诉我说：“兄弟呀！我今天遭老罪了，带两个孩子，还背一些东西，天又下雨，现在天快黑了，还要走十多里路才能到家。现在我都累迷糊了，我哭也哭不到家呀……”我听她这么说，心里很过不去。我想，毛主席说过：②“我们的同志不论到什么地方，都要和群众搞好关系，要关心群众，帮助他们解决困难。”想起毛主席的教导，我浑身有了力量，我跑回部队驻地，拿着自己的雨衣给那位妇女，我又抱着她的孩子，冒着风雨送她们回家。在路上，我看那小孩冷得发抖，便立即脱下自己的衣裳给他穿上。走了一小时四十分钟，终于把她们送到了家，那妇女激动地对我说：“兄弟呀，你帮了我，我一辈子也忘不了啊……”

❶语言描写

妇女的话说明她遇到了困难，为后文作者帮助她埋下伏笔。

❷引用

作者的日记中，多次引用毛泽东的语录，可以看出作者时刻以毛泽东的教导为自己行为的指南。

我对她说：“军民一家嘛，何必说这个啊……”我离开她家的时候，风雨仍然没停，他们都留我住下，我想，刮风、下雨、天黑，算得了什么？我一定要赶回部队，明天照常出车。我一边走，一边想着：我是人民的勤务员，自己辛苦点，多帮人民做点好事，这就是我最大的快乐和幸福。

6月22日

从3月16日到今天，我开的汽车已安全行驶了四千多千米，没有发生事故，圆满地完成了上级首长交给我的各项任务。

为了使车辆经常处于良好的技术状况，准备迎接新的任务，首长给了我一天时间保养车。[①]我从今早6点钟开始工作，清洗了燃油系统，检查调整了电路，底盘各部机件打了黄油。当我把全车螺丝检查紧定完毕的时候，接到首长的指示，叫我马上出车，护送一个重病号到卫生连。我急忙收拾工具，出车护送。临走前，我看了下手表，已是下午1点了。这时我的肚子也感到有些空了。凑巧，我连炊事员给我送来了一盒午饭，大家叫我吃了饭再走。[②]但是我想：阶级兄弟病重，处在紧要关头，抢救同志要紧，不能耽误时间，于是开车出发了。

❶**动作描写**

通过一连串的动作写出了作者工作的仔细、认真、一丝不苟。

❷**心理描写**

其实吃饭花不了太多的时间，但是为了早点抢救同志，作者连饭也顾不得吃，可见他的尽责、善良。

经过两个多小时急行车，终于把病号按时送到了卫生连，顺利地完成了任务。这时，我才松了一口气，感到格外痛快。

6月29日

今天下午，从我们部队驻地的一座大山上，下来一个磨剪刀的人。他在我们部队驻地的屋前屋后转来转去，鬼鬼祟祟的，像要找什么东西似的，不一会儿又拿出本子记下什么。

我发现他在一家门前磨剪刀，还一边问老乡：“此地驻有多少军队？他们干什么？”另外还说，“现在的世道要变了……”我想：他问这个、说这些干什么呢？

我是人民的保卫者，绝不能放走一个可疑的人。这种责任感促使我上前，盘问那个磨剪刀的人。

读书笔记

①“你从哪里来？”

“河北。”

“干什么的？”

“磨剪刀的。”

“有什么证明？”

“没有。”

“你身上带了些什么东西？”

“五六十元钱，一个记账本。”

“你把记账本拿出来我看看！”

“记了几笔账，没什么看头。”

“怎么？不让看吗？”

“好吧！你要看就看吧。”

我翻开记账本，发现他把我们正在进行的国防施工的地名和部队驻地地址及部队番号等都记了下来。

“你写这干啥？”

“这地方我刚来，记下地址以后再来就好找了。”

②“你写部队番号干什么？”

“想找一个熟人。”

“找谁？叫什么名字？”

“姓张的，叫什么名字我记不起来了。”

“你不是说熟人吗？为什么不知道叫什么名字呢？”

他慌慌张张地答不上来了。我看这人的言行可疑，便把这件事立即报告了首长。首长找他问话的时候，他

❶对话描写

作者对行动诡异之人的盘问，突出了他的敏锐和机智，以及高度的责任感。

❷对话描写

磨剪刀的人应答前后矛盾，引起了作者的重视和怀疑。

装出一副可怜的样子，神情很不正常，说话牛头不对马嘴。为了把这件事弄清楚，首长派人把他送到当地公安局。[1] 后来，公安局的同志打电话告诉我们说："那个磨剪刀的人是一个敌特分子……"

❶前后呼应…………

这段话和前面作者的怀疑形成呼应，从侧面展示出作者是一个洞察力、观察力非常强的人。

同志们知道这个消息之后，都纷纷议论："敌特分子不消灭，人民就不能安宁，我们要想永远过好日子，就要时刻提高警惕，握紧枪杆，擦亮眼睛，坚决、彻底、全部消灭敢于侵犯和破坏我们社会主义建设的敌人。"

精华赏析

遇到困难，不能退缩，要像愚公一样，只要坚持，就一定能够到达胜利的彼岸。雷锋就是这样，用自己的革命热情为社会、为祖国做出了自己的贡献。

延伸思考

1. 雷锋在2月19日的日记中提出的几个方面，他有没有做到呢？
2. 雷锋所说的"军民一家"具体是什么意思？

相关链接

在雷锋所写的日记中，我们不仅能够感受到那个年代军人们的热血精神和崇高的理想，还能够感受到那种不畏艰辛、无私奉献、舍己为人的"钉子精神"。

1962年（下）

名师导读

这两篇短小的日记富含着大道理，第一篇关于敬业，第二篇关于负责。让我们一起来阅读吧！

8月5日

①今天是星期日，本来应该休息。可是因为任务重、工作忙，加上汽车行驶里程到了二级技术保养期，我想：完成任务要紧，保养好车辆重要，牺牲个人休息嘛，没有什么。因此，我还是照常工作。上午调整了汽车各部间隙，换了手制动片。下午接工作组首长到我团工作，一路很平安……

❶心理描写、叙述……作者在休息日仍然毫无怨言地坚持工作，可见他很敬业。

8月8日

今天给一营二连拉粮食。上午8点从下石碑山出车，9点半左右就到达了抚顺粮站。这趟是副司机开的。因他缺乏驾驶经验，遇到紧急情况就手忙脚乱起来，因此，轧死了老乡的一只鸭子。②我立即叫他停车，向老乡道歉，并赔偿了老乡2元钱，使老乡没意见，很受感动。

❷细节描写……在运粮食的路上发生了小意外，作者的处理方式显示了他的爱民情怀。

精华赏析

雷锋牺牲自己的休息时间来工作，他这种毫不利己、一心为公的态度值得我们学习。

延伸思考

1.你觉得雷锋伟大吗？

2.雷锋在赔偿老乡鸭子的时候，心里会想什么？

相关链接

我们从小就听说过雷锋的名字，也知道他是一个助人为乐的人，但是通过这些日记，我们才真正进入了雷锋的内心世界，知道他做好事不留名的原因。

文章

决心书

名师导读

从标题我们就能猜到这篇文章所写的是雷锋的决心。让我们一起来阅读这篇文章，看一看雷锋的决心吧。

（1958 年 11 月 7 日）

我是一个孤儿，我 7 岁时，父母双亡，无人照管。自从来了人民的大救星——共产党，她把我从火坑中拯救了出来。党给我吃的、穿的，还送我读书，1956 年我已高小毕业。

几年来，由于党的不断教育和培养，我从一个幼稚无知的孩子，成长为一个有一定知识、觉悟的共青团员。1956 年 11 月，党把我调到望城县委会当公务员，保护首长。因工作需要，在今年又调我去农场学习驾驶拖拉机，经过 8 个多月的学习，现已成为一个驾驶员。

根据国家形势的发展，钢铁生产占了目前的重要地位，我自己申请，经望城县委批准，我来鞍钢学习，我愿把我的青春献给祖国……①我一定服从组织的调配，

❶升华主题　这段话作者表明了自己的决心，符合文章题目——决心书。在结尾处作者升华了文章的主题。

到工厂后，一定刻苦学习，克服一切困难，发挥一个共青团员的应有热能……为祖国人民过幸福生活而奋斗到底！

于望城县委机关

精华赏析

通过阅读，我们能从字里行间读出作者的真情实感，同时也能感受到他对党和国家的真诚与热爱。

延伸思考

1. 雷锋下了哪些决心？

2. 雷锋去鞍钢学习的目的是什么？

3. 请简单概括一下雷锋《决心书》里的内容。

相关链接

鞍钢完整的名字是“鞍山钢铁公司”，最开始是1909年中日合办的振兴铁矿有限公司，后解散并入昭和制钢所。1948年鞍山钢铁公司成立。

我学会开推土机了

名师导读

每接触一个新的知识或者学习一项新的技能，都会遇到困难，当学会了这些知识和技能之后，更多的就是愉悦了。

（1959年2月24日）

2月24日是我永远不能忘记的日子！

这一天，我第一次学会了开推土机，心情是何等的激动呵！

❶对比　作者将自己在新旧社会的生活进行对比，凸显了共产党的伟大，表达了他对共产党的爱戴。

①我7岁时，父母被小日本鬼子和反动派害死，我变成了一个可怜的孤儿。那时在国民党反动派统治下，只得给地主家放牛，吃不饱，穿不暖，经常挨打挨骂，过着牛马一样的生活。

自从来了人民的大救星——共产党，把我从火坑里拯救了出来，送我上学，给我吃的穿的，把我培养成为一个有一定知识和觉悟的青年，我于1956年投入了革命的怀抱，在中共湖南省望城县委当公务员，并在1957年2月加入了光荣组织——共青团。

我为了响应党的号召，为了服从祖国的需要，为了

1800 万吨钢，为了把自己锻炼得又红又专，我要求从湖南望城县委机关来到祖国的钢都——鞍山。一路上经过了武汉长江大桥，经过了首都——北京，同时我还在北京参观了一天，我看到了许许多多新鲜的东西。

我还在天安门前留了影。①古老的北京城变成了一座美丽的大公园了，风沙飞扬的岁月也一去不复返了。如今空气清爽，风和日丽，有多得数不清的工厂，有幽静优美的大小楼房，有宽敞、富丽堂皇的俱乐部，有日用品堆得像山一样的百货供应大楼。北京是多么的可爱啊！我想在北京多停留几天，但为了 1800 万吨钢，我那颗火热的心已飞到了鞍钢，只想马上到达钢都，用自己的双手使钢水昼夜地奔流，让钢水奔流得像海洋一样。

❶比喻

北京城变得如此美丽、富饶，和过去截然不同了，从侧面写出了共产党的领导好。

1958 年 11 月 15 日中午 12 点，火车开到鞍山车站停住了。我挑着行李下了火车，抬头一看，真把我惊呆了！②那多得像春天里生长的春笋一样的烟筒，那密如繁星的炼钢炉，那沸腾的钢水，那堆得像山一样的钢材，那机器的响声比春雷还凶，祖国的钢都是多么的伟大啊！我真爱上了它。

❷比喻、夸张、排比

作者运用排比、比喻、夸张等修辞手法生动形象地写出了眼前热火朝天的景象，表达出自己内心的激动之情。

我到达鞍钢公司化工总厂以后，领导分配我开推土机，当时我汹涌激动的心儿像压不住似的，像要往外蹦。全身像有一股股的暖流在沸腾。我高兴得只想笑，说不出话来。我好几年来的愿望在今天实现了。

当我第一次爬上推土机驾驶台学习的时候，我真高兴得要跳起来。我坐在驾驶员的身边，专心地看他怎样操作，怎样转弯，怎样发动汽油机……李师傅一面驾驶，一面告诉我操作方法和各部分名称，我一点一滴都记在脑子里，并写在日记上。这几天我真是睡不着觉，老是想着推土机，在床上翻来覆去，回忆着李师傅的指教，只想不睡觉，起来又去学习就好；我只想早一日学会，早日为祖国出一点力量。

学习了一个月，我懂得了一些操作方法和基本知识，李师傅就要我试验驾驶，他真的让出座位，站在一旁指点我。[①]我一坐上驾驶台，心跳得很高，我生怕开不动，别人会讥笑；又怕没有力，拉不动方向杆；还怕刹不住车。我的心情既紧张又愉快，手脚都不由自主地颤抖起来。李师傅对我说："不要怕，要放勇敢些！"这时我才把油门加大，挂上排挡，把离合器向后一拉，推土机嘎嘎地开动了。可是推土机总不听我的指挥，走弯路。开了一会儿，我不怕了，心也不跳得那么厉害了，手脚也慢慢地不发抖了。这时，推土机也听我的使唤了。在这个时候，我的心情又是多么的喜悦呀！我回头望望，看看那一堆堆的土被推得堆成像山一样的高，仿佛看见了堆得像山一样的钢铁。

今天真有很大的收获，过得真有意义。[②]下班以后，脑子里一个转又一个转地想着，吃饭的时候，还好像坐在推土机上哩，不停地摇晃着。我拿起筷子，像握住推土机的方向杆一样，随手推动，两只脚像踩在制动器上，

❶心理描写

这一段展示了作者刚开推土机时的纠结心理，拉近了我们与他的距离。

❷动作描写

作者用了大量的动作描写，突显他会开推土机之后的愉悦心情，同时表现出他对学习的渴望。

自然地踏动着。我想今天得到的这样的幸福，不是党的培养教导，又哪里来呢！

我一定要以实际行动，来报答党对我的亲切关怀和照顾，一定努力钻研、勤学苦练，克服一切困难，忘我地工作，争取做一个优秀的推土机驾驶员。

于鞍钢

精华赏析

雷锋喜欢学习新知识和新技能，其目的是能为祖国做出贡献。在雷锋心中，祖国大于个人，人民大于自己，开推土机可以为国家做贡献，所以他在学会开推土机之后那么开心。

延伸思考

1. 雷锋为什么在学会开推土机之后那么开心？
2. 雷锋为什么去鞍山？
3. 在这篇文章中，北京的形象是怎样的？

相关链接

从这篇文章中，我们可以看到新中国成立之后，整个中国呈现出祥和繁荣的景象，而能够出现这样的景况，得感谢我们伟大的党和无数像雷锋一样的同志。

我决心应召

名师导读

雷锋很感谢党，对国家有着赤诚之心。在这篇文章中，他喊出了自己的心里话，感人肺腑。

（1959 年 12 月 9 日）

12 月 3 日，当我听到车间总支李书记关于征兵的报告后，我激动得一时一刻都没有平静。①夜深了，我怎么也睡不着觉，便从床上爬起来，跑到了车间办公室，叫醒了熟睡的李书记，我问他，我能不能入伍呀！李书记笑着回答说："能呀！像你这样身强力壮的小伙子，参加人民解放军是顶呱呱的哩。"他从头到脚仔细地看了我一下说："哎呀，小雷怎么没穿棉衣呀！下这么大的雪，不冷吗？"这时我才觉得穿一套单衣有点寒冷，李书记把棉衣披在了我的身上。回到了宿舍，我还是不想睡觉，坐在条桌旁边写我入伍的申请书和决心书。

❶ **语言描写** 通过这段描写，读者能感受到李书记的亲和及体贴。

第二天一早，我想到车间去报头一名，天还没亮，哪知道回收工段适龄青年马守华比我更早，头一名让他得去了，真想不到我报的还是第二名。

参军！是我从小就有的愿望，人民解放军不仅是一个革命团结友爱的大家庭，还是个培养青年的革命大学校。现在我的愿望就要实现了，怎么叫我不高兴呢。

[1]当我在入伍簿子上写到我要坚决“参军”二字时，一段辛酸的回忆涌上了我的心头：

1承上启下

此处为过渡段，作者由“参军”二字引入回忆，写了自己儿时辛酸的生活。

我出生在一个很贫穷的农民家庭，旧社会逼得我失去父母兄弟，家破人亡……全家只剩下了孤孤单单7岁的我，过着非人的生活。那时我虽年纪小，对那些要命的野兽般的帝国主义和黑暗的社会是那么入骨地痛恨。

那时我真想：要是有亲人来搭救我，我一定要拿起枪，粉碎那些狗豺狼！以此为爹妈报仇。

光明伟大的党啊！您拯救了我，给我吃的、穿的，还送我念书，高小毕了业，加入了光荣的共青团，参加到了祖国的工业建设，一天天地成长起来。

伟大的党啊！您是我慈祥的母亲，要是没有您，我很难想象到自己的一切。今天您需要我，我一定挺身而出，不怕牺牲和一切困难，永远忠于党、忠于人民，继承先辈优良的革命传统，为建设现代化的强大的国防军，为保卫社会主义建设，保卫世界和平，我要把自己可爱的青春献给祖国最壮丽的事业！我要做一个真正的共产主义革命战士，粉碎帝国主义！

焦化车间工人——雷锋

读书笔记

精华赏析

这篇文章的标题是《我决心应召》，文章字里行间都展露出雷锋的决心，也可以看出这个标题拟得非常好。在平时写作中，我们也可以拟一个好的标题。

延伸思考

1. 雷锋为什么要应召入伍？
2. 雷锋从小到大的愿望是什么？
3. 雷锋的愿望实现了吗？

相关链接

这篇文章写于1959年，当时的环境非常严峻艰苦，从作者的文章中，我们能够知道艰苦环境不会消磨战士们的意志力。

与战友谈改正错误

名师导读

在成长过程中，我们都可能会犯错误，那么我们应该如何对待错误呢？让我们一起阅读这篇文章，学习雷锋对待错误的正确态度。

（1960 年 11 月 26 日）

①领导和同志们帮助你，是对你的关心和爱护呀，你应该很好地承认错误。你想，我们来到部队是干什么的呢？咱们过去都是穷人家出身，吃不饱、穿不暖，解放以后，在党和毛主席的领导下，才过上了幸福生活，再不用为吃穿犯愁了。我们今天来当兵，就是要保卫幸福的生活，保卫祖国的社会主义建设，我们应该好好地为人民服务，要是不听党的话，犯了错误，这能对得起谁呢？再说，我们入伍的时候，父母亲又是怎样嘱咐的呢？他们是叫我们在部队里，加强锻炼，使自己成为一个有政治觉悟的人，叫我们学习一些本领，难道我们能够忘记这些话吗？……

②人不怕有错误，就怕犯了错误不改。能够坚决改正错误，那就是好同志，同志们是不会看不起你的。

❶叙述 作者写出了对犯错误的态度。这段话不仅是对战友的劝诫，也是对他自己的告诫。

❷升华主题 这段话简短却蕴含大道理，且升华了主题。

精华赏析

在生活当中，我们要善于反思自己，在感觉到自己犯了错误后，一定要马上修正，犯错误并不可怕，可怕的是知错而不改。

延伸思考

1.雷锋认为当兵的目的是什么？

2.雷锋是怎么看待错误的？

相关链接

在雷锋那个时代，同志之间、党员之间经常会交流思想，其实这是一种非常好的行为习惯。在交流思想的过程中，能够让彼此修正自己的想法，我们可以借鉴一下这种方法。

看了《和美国记者安娜·路易斯·斯特朗的谈话》的感想

名师导读

1946 年 8 月，毛泽东在同美国记者安娜·路易斯·斯特朗的谈话中提出了要将革命进行到底。雷锋看完文章后，又有哪些感想呢？

（1960 年 12 月 18 日）

我认真地读了这篇文章，越读越觉得心里明亮，一连看了好几遍。毛主席所说的每一句话，都给了我无穷的力量，同时深深地教导了我。

我记得刚入伍的时候，团政治处主任给我们上第一堂政治课，他讲到帝国主义不甘心它的灭亡，……准备进攻我们社会主义国家，妄想独霸全世界。

①通过这篇文章的学习，我知道了帝国主义和一切反动派都是纸老虎。看起来，反动派的样子是可怕的，但实际上并没有什么了不起的力量。从长远的观点看问题，真正强大的力量不是属于反动派，而是属于人民。美帝国主义想拿原子弹来吓倒我们，是绝办不到的。

❶叙述 作者简单地叙述自己读完这篇文章后，明白了帝国主义和反动派是虚张声势。

历史证明了帝国主义和一切反动派都是纸老虎。拿我们中国的革命来说，全国人民在共产党的正确领导下，用小米加步枪，战胜了蒋介石的飞机加坦克，并推翻了几千年来压在我国人民头上的三座大山，解放了全中国，建立了人民当家做主的新国家。①但是美帝国主义不甘心，想来夺取我们中国这块肥肉，因此在1950年发动了侵朝战争，妄想利用朝鲜做跳板进攻中国。由于中国人民志愿军在朝鲜人民军配合下英勇地作战，美帝国主义被打得落花流水，不得不和我们进行停战谈判。这些历史就证明了帝国主义和一切反动派都是纸老虎，并不可怕。原因正是毛主席所说的“……就在于反动派代表反动，而我们代表进步”。在这东风压倒西风的大好形势下，我坚决听毛主席的话，跟毛主席走，将革命进行到底。

①**举例说明**

作者以抗美援朝为例，进一步证明了“帝国主义和一切反动派都是纸老虎”的观点。

——写在日记本上

精华赏析

在这篇文章中，雷锋的态度非常明确，坚决拥护中国共产党，坚决听毛主席的话，说明雷锋的政治觉悟非常高。

延伸思考

1.帝国主义想要霸占全世界的意图最后实现了吗?

2.为应对美帝国主义发动的侵朝战争，中国做了什么?

3.毛泽东所说的“将革命进行到底”是什么意思?

相关链接

在这篇文章中，作者突出这样一个中心：“我们应该坚决拥护共产党，听毛主席的话。”的确，事实证明，反动派都是纸老虎，中国共产党最终打败了反动派，赢得了胜利。

一辈子学习毛主席著作

名师导读

毛泽东是中国人民的伟大领袖，他写下了很多非常有名的著作，这些著作在当时以及现在都有非常重大的影响。让我们一起来看一下雷锋同志是如何学习这些著作的，以及学习后有哪些收获吧。

（1960 年）

我想，学习毛主席著作，是为了改造思想，不断地提高共产主义觉悟。①我学习了《纪念白求恩》那篇著作，它给我的印象最深刻，到现在我一共学习了 20 多遍，看一遍有一遍的体会，有一遍的心得。毛主席热情地赞扬了白求恩同志专门利人、毫不利己的精神，我就按照毛主席这些话来鞭策自己，检查自己。毛主席说，我们要学习白求恩同志那种毫无自私自利之心的精神，从这一点出发，就可以变为有利于人民的人。②无论什么工作，只要是党的需要，革命的需要，只要是对人民有利的，我就要做好。

比如，有一个星期天，大家有的上街去了，有的遛

❶叙述

作者十分喜爱《纪念白求恩》这篇著作，并从中获益匪浅，从“20 多遍”等词可以看出他对此著作的痴迷。

❷埋下伏笔

只要是对人民有利的，就会去做，并且做好。作者一直是这么想的，也是这么做的。这为后文他帮忙运砖埋下了伏笔。

公园去了。那一天我的肚子痛，我到卫生连看病的时候，医生不在。我刚走出卫生连，就听见工地上广播站广播："工人们，加油啊，现在运砖的赶不上需要了。"当时我一听到运砖的赶不上需要，就跑到那里一看，工人们都在干劲冲天地干着呢。因此，我想到，这是革命的需要，我也想到应该按毛主席的指示办事。我就跑到工地和他们一起推砖。我找了一辆手推车推，工人们都是两个人推一辆车，而我呢，就一个人，我想，自己个子小，恐怕推不动。但这个时候，我又想到一个人要顶两个人干。我不管他三七二十一，就拿辆车子，在那儿推一车就推六十几块。①推了好长时间以后，工地广播站的广播员同志就跑来了，说："解放军同志，你叫什么名字呀？你是哪个部队的？"当时我就笑了，我说："我呀，不告诉你。"我想到，这是我应该做的事情，要是告诉她，到广播里去广播，多不好意思。我不告诉她，她就走了。后来，又来了三个工人同志，其中一个同志跑过来跟我握手，他说："解放军同志，你是哪个部队的？叫什么名字？"我也没告诉他。我想到为社会主义建设增添一砖一瓦，这是应该的。后来有一个同志在旁边对我介绍说，这个同志是我们建筑公司的党支部李书记。当时我听说和我握手的是李书记，很不好意思，告诉他不好，不告诉也不好，后来我想这是应尽的义务，还是不告诉他好，我就没告诉他。②后来李书记就把我的衣兜解开了，掏出我的汽车驾驶执照，看了我的名字，

❶语言描写

这段文字描写了作者默默帮助他人，做好事不留名。

❷细节描写

作者做好事不留名，而李书记和工人们千方百计地想要感谢他，军民之间的情谊令人感动。

知道我是哪个部队的，他马上就让广播员广播了。广播以后，又用一张大红纸写了感谢信，工人们敲锣打鼓地给我送来了，党支部书记给我念，当时我感到非常惭愧，但是我也感到很高兴。那时候，我肚子也不痛了，早上没吃饭也不知道饿了，我只感觉到感激不尽。一直到3点钟的时候，我才回去吃饭。工人们收工以后，又用大红纸以党组织的名义给我们部队首长写了一封信，敲锣打鼓地送给我们连队的指导员。

今年过中秋节，部队发给我们苹果和月饼。当时，我舍不得吃，引起我深深的回忆。我想到，旧社会，吃不到饭，哪里还敢想苹果呢！我也想到我母亲的死，我看了苹果又看月饼，舍不得吃，我把它用纸包起来。①这时，我又想起了上甘岭战斗当中，一个苹果，首长也不吃，谁都不吃，留着送给伤病员去吃。我想到，应该用苹果和月饼去慰问伤病员。我马上又写了一封慰问信，我一面写信的时候，一面掉眼泪，写好后我把苹果和月饼加上那封信一起送到了抚顺市职工医院慰问了伤病员。

❶心理描写 从这段文字可以看出，作者时刻想着别人。

比如，在过去的一年当中，我想到，一定要在新的一年当中，做更好更多的成绩。因此，我连过年所放的假都没有休息，我去捡大粪，初一、初二那两天我一共捡大粪300来斤。我想到这也是响应党的号召，大积肥，是搞了卫生运动，也能够促进农业生产。

读书笔记

我学习毛主席的每一篇著作，都要联系实际。我学了《关心群众生活，注意工作方法》这篇文章以后，就决心按毛主席的教导去做。比如，有一天晚上，那是冬天，我们大家都睡在一个简陋的营房里面，天特别冷，又刮着北风，下着雪，炉子烧得很旺。①在半夜的时候，我起来解手，看见炉子座板把地板都烧坏了，当时，满屋都是煤气。我想，同志们都睡得很甜，现在煤气这么多，万一要是中了毒对大家都是损失，会影响大家的身体健康，我马上到外面去打来水，把炉子浇灭了，又把地板上的火浇灭了。我还把窗户、门都打开了，不一会儿，屋里就变得非常冷啦，冷清清的。我又想，如果这样冷的话，把大家身体冻坏了也不好办，就到外边找来小木头柴，又把炉子重新生着了，一直把屋里弄得暖呼呼的，我才睡觉。

❶叙述 从作者的讲述可见，他是真的做到了从实际出发，具体问题具体分析、具体处理。

我学习了《反对自由主义》这篇文章以后，就时时刻刻用毛主席所教导的话来检查自己。比如，②我们班以前不团结，有意见开会不提，背后乱议论。我学习了《反对自由主义》以后，看到哪位同志有缺点，就在每次开会的时候大胆提出，还把毛主席《反对自由主义》的文章念给大家听。我们班有一个战士叫×××，一天我们去生产，班长不在，他就说班长对他看法不好，乱议论班长。当时我就讲："你这样犯自由主义不行啊！前天我们学过了《反对自由主义》，今天你又犯自由主义。"他怎么说呢："学归学，我说我的。"我说："那不行啊，学了不用那顶啥事呀。"后来，在开会的时候，

❷对比 作者以不同的处理方法作对比，表明了自己的态度。

我向他提出了批评。我们全班同志经过认真的学习《反对自由主义》，大家都开展了批评与自我批评，这样一来由原来的不团结达到了新的团结。

读书笔记

有一次，上山去打猪草，我们早晨吃了早饭去的，走了十多里地到山上，每个人带一盒饭去吃，中午就不回来吃午饭。到12点钟吃饭的时候，我看大家都在吃饭，有一个叫王延堂的同志，一个人坐着看大家吃饭，我就问他："小王同志，你的饭呢？"他说："我的饭早上就吃到肚里去了，早晨我就吃了两顿饭。"这时，我想到毛主席的教导：关心别人要比关心自己为重。我也想到王延堂同志如果今天中午不吃饭的话，会影响他的情绪，他干活一定不会起劲。我想到这些，就把自己的饭送给他吃。[1]他再三推辞说："我吃了你怎么办呀？"我说："我不饿呀。"经过再三推辞，我说我肚子痛，我要解个手，放下饭就跑了。我看到他吃了饭，吃得饱饱的，干活非常起劲，我感到非常的愉快。

❶**语言描写** 作者宁愿自己饿肚子，也要让战友吃饱饭，这正是他奉献精神的体现。

在防洪抢险当中，有一天晚上下着大雨，任务很艰巨，我在这个时候，想起了党的教导，在最艰苦的时候应当做好党的宣传鼓动工作，因此，我带头喊口号，唱歌子，大家干劲都很足。发现了好人好事就到广播里去表扬。我走到堤坝上的时候，看见一位战友没穿雨衣，当时我又想起毛主席的教导，关心别人比关心自己为重，我把自己的雨衣脱下来穿在那个战友的身上。当天晚上，我一身都淋湿了，一直颤抖了一个晚上。到了第三天我又得了急病，一天没有吃饭，连长让我在家休息，我怎么也不肯休息，坚决要求去参加防洪抢险。后来，连长叫卫生员看着我，坚决不让我去，卫生员把我送到宿舍里。我到宿舍以后，翻开自己的日记本，看到了英雄黄继光的照片。因为我在入伍的时候，在解放军画报上发现了黄继光的照片，我就把他剪下来贴在自己的日记本上，我就以他当作自己的学习榜样，我一看到他，满身充满力量。[①]我想，黄继光为了人民、为了党的事业牺牲了自己，现在是防洪抢险紧要关头，洪水一来，会直接威胁到人民生命财产，造成损失，如果在这样艰苦的环境下牺牲了自己也是光荣的，我坚决要去，我想决不能因为这点小病下火线，一定要坚持下去。卫生员坚决不让我去，但我坚决要去，跑到了工地上又和大家一起参加防洪抢险战斗。

❶心理描写

从这段文字可以看出，作者的意志非常坚忍，虽然生病了，但是仍然坚持去前线抗洪抢险。

今天，党发出了伟大的增产节约号召以后，我牢记毛主席的教导，要把我国建设成为一个工业强国，必须经过几十年的艰苦奋斗，其中包括厉行节约、反对浪费。我想到，为了改变我国“一穷二白”的面貌，就必须发愤图强，增产节约，积极响应党的号召。因此，我处处注意节约，时时注意节约。[②]比如今年春节的时候，部队发给我苹果票和糖票，我跑到服务社的时候，又舍不得买，这时我想到了过去，过春节的时候给地主家放猪。我想到现在到部队以后，过年的时候，首长还和我们一起会餐。我想这个苹果、月饼和糖不吃是可以的，是可

❷对比

现在的生活和解放前相比，实在是好了太多，因此，作者觉得没必要买苹果、月饼和糖，把票节约了下来。

以节约的，我就没有买。我把这些苹果票、糖票、月饼票送给了其他战友。过这个春节，我只花了2角5分钱理了个发。到部队以后，我没有买过牙刷、牙膏、香皂和手巾，我在入伍的时候，工厂送给我一套牙具，送给我一块香皂。比如说我那把牙刷吧，使用了七八个月，毛都掉了一半了，我还舍不得丢掉。有一天，我班一个战友买回一个新牙刷，他把那个旧的丢到地上，我看到那个旧的比我的还好，就从地上捡了起来，经过消毒，我就自己使用。当时那位战友说我是个小气鬼，他说："你连买牙刷的钱都没有了？"我对他讲："这个牙刷很好哇，还可以继续使用，为了节约嘛！"同时我还到处捡牙膏皮子，因为牙膏皮子里面还有剩下的牙膏，挤出来装在一个瓶子里还能使用，我都没有买过牙膏。我一共捡了80多个牙膏皮子，卖了2块多钱，我把这些钱交给了指导员。有一次，我在积肥时，看见一双破皮鞋，我也把它捡起来。有的同志说，雷锋真是个小气鬼，人家说的真不错啊！破皮鞋埋里埋汰的，你要它干啥？我想这皮子是国家的工业原料，积起来，可以支援国家的工业建设。我又想到我们节约必须从小处着手，从大处着想。[①]有一句俗话："滴水成河，粒米积成箩。"我把破皮鞋捡起来以后，洗干净，又卖了1块多钱，把钱又交给了指导员。

读书笔记

❶引用

作者引用俗语来论证自己的观点，增加了可信度和说服力。

比如，我今年7月份的时候，参加了军区体育运动比赛大会。天气比较炎热，有的运动员同志就出去买汽水喝，当时我口也很渴，也想去买一瓶，我掏出了3角5分钱，但又舍不得这3角5分钱。我想到一分钱、一角钱来之都是不容易的，这3角5分钱可以买一个笔记本子学习文化，我就没有买。比如，我有一次从抚顺到营口出差，本来在路上可以吃一顿饭，因为连队给了1块5角钱差旅费和1斤粮票。但我看到火车上吃饭很贵，七八角一顿，舍不得吃，我想到旧社会好几天还吃不到饭，现在饿一顿没关系，我就没吃，把这粮票和钱交还了司务长。[①]有一次大扫除，我在垃圾堆里捡到一双破袜子，我看到破袜子补好以后还可以穿，免得拿钱买新的。我捡回来洗干净以后，补了七八个补丁，一直穿到不能再穿，不能再补，我又把它洗干净当了一块擦车布。部队发给我的衣服、袜子、手巾我都存下来，一直到今年遭灾的时候，我把它捐献了支援灾区。我说我穿不了这些东西，用不了这些东西，可以节约下来。我平时不乱花一分钱，就连一块香皂都舍不得买，我那块香皂还是入伍的时候工厂送给我的，只有过年过节到哪里学习、开会，我才带上那块香皂使用，其他时间我就使用肥皂。我的手巾坏了那么大一个窟窿还继续使用。部队每个月发给我的6块钱津贴费，我除理发以外，大部分买些毛主席著作，买一些关于党的历史和有关党的政治书籍，还有就是青年修养一类的书籍。除买书以外，其他钱我就存起来。我从工厂到部队总共两年多，省吃俭用共节约了200块钱，一直到今年春天，捐献给抚顺市望花区……

❶对比

作者自己穿的袜子是捡来后补好的破袜子，却把省下来的好东西都捐了，可见他对自己很节约，帮助别人却很是大方。

精华赏析

文章中写了非常多雷锋经历的小事情，最终都是为了烘托一个主题——学习毛泽东著作，提高思想，帮助他人，这些小事情都是围绕这个主题做的。

延伸思考

1. 雷锋做了哪些好事？

2. 雷锋做好事时为什么不留名字？

3. 请查阅相关资料，谈谈为什么要反对自由主义。

相关链接

在20世纪60年代，《毛主席的书我最爱读》这首歌大人和小孩都会唱，毛泽东著作在当时风靡全国。通过阅读毛泽东著作，我们可以提高思想意识。

怎样对待困难

名师导读

在成长的过程中会遇到很多困难，对待困难的态度是非常重要的。让我们一起阅读这篇文章，看一下雷锋是怎样对待困难的。

（1961 年 1 月 18 日）

（一）什么是困难？

①走路这是谁都会的，可是对于刚开始学走路的小孩子来说，这就是十分困难的事，为了学会它，他不知道要跌多少次跤，可是没有一个小孩因为跌了一次跤便停止学走路，恰恰相反，当他刚刚学会走路的时候，他是多么高兴啊！他成天地扶着墙壁走来走去，跌倒了又爬起来，每进一步，他就感到快乐，这样经过多次失败以后，他终于学会走路了，原来困难的事，现在丝毫也不困难了。

1. 世界上有两类不同性质的困难：

一类是旧事物在衰亡过程中所遇到的困难，是不能克服的。

①举例说明 作者用小孩子学走路的例子来告诉人们如何克服困难。

读书笔记

一类是新事物在发展过程中所遇到的困难，是可以克服的。

❶设问

在这段话中，作者采用了自问自答的方式，使逻辑更加清晰，回答更有说服力。

[1]比如：在帝国主义制度下所产生的困难，它们是永远无法克服的，为什么它们无法克服呢？这是因为帝国主义的事业是阻碍社会发展的，是反动的、没落的，不得人心的。

克服困难不仅要我们在主观上认识困难的规律，而且要在客观上具备战胜困难的条件，条件具备了，如果没有我们主观上的努力，困难仍然不能克服。反之，如果条件还没有具备，单有主观上的努力仍然是不能取得效果的。

2. 怎样对待困难？

人们对待困难的态度之所以不同，归根结底有两方面的原因：一方面是由于思想觉悟不同，一方面是由于思想方法不同。

3. 见物又见人。

见物又见人，即不超越客观条件所许可的范围去做那些现实不能做到的事情，又不被客观条件缚住手脚，充分发挥主观能动作用，做好一切经过努力可以做好的事情。这就是我们应该具有的正确的态度，有了这种态度，我们才能有成效，克服我们前进道路上的一切困难。

❷叙述

作者鼓励大家调动一切可以利用的有利因素来克服不利因素，从而克服困难。他坚信找对方法，困难并不可怕。

4. 有利与不利。

[2]我们靠什么战胜困难呢？主要的就是要把一切

有利的因素充分地调动起来，用以克服不利的因素。有利因素发扬了，不利因素克服了，困难也就被战胜了。

读书笔记

（二）怎样战胜困难？

1. 深入实际调查研究。

2. 相信群众，依靠群众。

3. 抓住关键，彻底解决。

希望一下子把困难全部解决，这样做的结果，那就是十个指头捉跳蚤，一个也捉不到。

4. 开动机器，苦思多想。

5. 依靠党的领导。

①党是我们的引路人，是我们的鼓舞者和组织者，是我们力量的源泉，我们要时时刻刻听党的话，执行党的指示，主动地自觉地依靠党的领导，依靠本单位的党组织。只要真正做到了这一条，我们就能征服困难。

——写在日记本上

❶直抒胸臆

在文中，作者描写了党的伟大之处，表明他的思想政治觉悟很高，并且有着坚定不移的信仰。

精华赏析

从雷锋对待困难的态度，我们就能够感受到雷锋是一个积极向上的人。他认为困难最终都会被战胜，并且给读者提供了一些思路。

延伸思考

1. 读完这篇文章，你有什么启发？

2. 面对困难你会怎么做？

3. 请将作者所说的怎样战胜困难的几个分点找出来。

相关链接

论述一个话题的方法有很多，如举例论证和对比论证等，通过这些方法使得论述的逻辑更加清晰，且更具有说服力。

对少先队员们讲纪律

名师导读

一个班级有一个班级的纪律，一个国家有一个国家的制度。我们一起来看看，对于纪律和制度的执行，雷锋又是持什么样的态度……

（1961 年 6 月）

我刚入伍的时候，还是一个很幼稚的青年，有时不自觉地就违反了纪律。①记得一个星期日，我认为放了假，就可以随便外出了，谁也没有告诉，我就上街去照相。这件事被指导员知道了，吃过午饭就找我谈话。他搬一张凳子叫我坐下，和蔼地问我："雷锋，你今天上街请假了没有？"我难为情地回答说："没有。"

②指导员说："这样不好哇，部队嘛，要有严格的组织纪律，不论做什么都要请示报告，星期天外出也要说一声。如果军队没有严格的组织纪律，就会成为一盘散沙，那怎么能战胜敌人呢？毛主席说，我们这个军队之所以有力量，是因为所有参加这个军队的人，都具有自觉的纪律。邱少云就是我们学习的榜样，他在战场

❶叙述

作者觉得是假期就能随意行动，因此没有请假就外出了，为后文指导员找他谈话埋下伏笔。

❷语言描写

不请假外出看似是小事，其实却违反了组织纪律，如果部队没有严格的纪律就会变得松散，后果是十分严重的。

上，敌人的燃烧弹烧着了他的衣服，可是，他为了不暴露目标，宁愿烈火烧身也不动一动，一直坚持到最后牺牲……”

❶心理、动作描写

作者听了指导员的话后感到难过和懊悔，他认识到了自己的错误，并为自己犯错落泪难过。

[1]我听到这里，心里难过极了，哭了。指导员又说：“只要认识到自己错了，今后改正就行了，哭什么？”打那以后直到现在，我再没有违反组织纪律和各种制度。

精华赏析

作者在对少先队员讲话的时候，平铺直叙地说出了自己的亲身经历，以此来告诫少先队员要遵守纪律。我们可以借鉴这种方法。

延伸思考

1. 你在班级上遵守纪律吗？

2. 雷锋犯了什么错误？

3. 雷锋最后为什么难过？

相关链接

人民军队三大纪律

第一，一切行动听指挥。

第二，不拿群众一针一线。

第三，一切缴获要归公。

自我鉴定

名师导读

雷锋在生活中经常做的事情就是自我反思和自我鉴定，那么他是怎样进行自我鉴定的呢？让我们一起来阅读一下吧。

（1961 年 9 月 10 日）

……

我在一切实际行动中……牢记了列宁的教导：多做日常细小平凡的工作，少说漂亮话。因此，我经常打扫卫生，淘厕所，捡大粪，在日常生活中养成热爱劳动的习惯；总想多做事，少说话。我乘火车时，给旅客倒水，扫车厢，擦玻璃，让别人多得些方便，自己辛苦一点，这是我感到最愉快的。

关于学习方面，我深刻地认识到：要想工作好，就得学习好。[①]工作和学习的关系就像点灯加油一样：点灯如果不加油，就会变得暗淡无光，只有不断地加油，灯才会明亮。人只有不断地努力学习，才不会迷失方向，才能做好工作，否则就会落后，甚至犯错误。我懂得了

❶比喻

作者在此写出了工作和学习的关系，提醒自己不能松懈。

这个道理后，[①]越学越想学，哪怕有一点空余时间，我也要看看书报，增长自己的知识。现在我学习得很不够，决心继续努力，勤学、苦学、发愤学。我要学习一生，战斗一生。

①叙述　从这些文字中，我们能感受到作者对自己的要求非常严格。

精华赏析

这篇文章虽然简短，但是字字珠玑，蕴含着大道理。读完这篇文章后，我们知道对待工作要认真，对待学习要发愤。

延伸思考

1. 你认同雷锋的说法吗？

2. 你觉得为了增长自己的知识应该怎样做？

相关链接

优秀的人往往经常进行自我鉴定，就像作者在文中写的一样，他们会有自己明确的目标，并且为之努力奋斗。

入党转正申请书

名师导读

在作者的入党转正申请书中，我们能感受到作者是一个怎样的人，并且了解到他对党的感情是多么深厚。

（1961 年 9 月 19 日）

①我从去年 11 月 8 日入党后，激动的心情一直没有平静过。天天想，日日盼，总想转正的那天早日到来。现在离转正的时间不太长了，我迫切地向组织提出申请，要求早日转为一个正式的共产党员。

❶心理描写
作者成为预备党员后每天都想着转正，反映出他对成为正式党员的迫切期待。

亲爱的党，我在您的抚育和教导下，从一个幼稚无知的穷孩子，成长为一个光荣的共产党员，我的眼睛明亮了，思想开朗了，革命的意志更坚强了，阶级立场站得更稳了。②我懂得了人生的意义和应该怎样做人的道理，明确了斗争的方向……

❷叙述
在党组织的培养下，作者明白了很多道理。

过去我受过许多苦，从内心恨透了三大敌人。解放后，党和毛主席拯救了我，把我抚养成人，我从心眼里热爱党和毛主席，从内心有说不尽的感激党的恩情。在工作中埋头苦干，在思想上总想为党多出点力，党交给的各项任务，能坚决地完成。我所想，所做的，都是以感谢党的恩情来指导一切工作的。因此，干工作只是一个人单打鼓、独划船地干，不懂得发动群众，不懂得把个人的力量和集体的力量结合在一起。以前，我对整个阶级的命运和利益认识是不足的，至于怎样为本阶级的利益去斗争也搞不清楚。①可是现在呢，我懂得了一滴水，只有放进大海里才永远不会干，一个人只有和阶级结合在一起，才能最有力量。我深刻地认识到，我的利益也就在阶级利益之中。如果没有整个阶级的解放，也就没有我的一切……因此，使我产生了献身本阶级最高利益的愿望。当我看到人们有困难的时候，我就想到，穷苦大众是一家，阶级兄弟要帮助，哪怕牺牲个人的利益或付出什么代价也心甘情愿。例如，我接到河南省一个民办小学校的来信，他们说，因几年遭受自然灾害，造成了一些暂时的困难，要我给予他们以经济帮助。②我看了这封信后，就向首长请示，准备卖掉自己的衣服和皮鞋，以支援他们办学。当首长没有同意我这种做法的时候，我心里却感到很不安，连觉也睡不着，我左思右想，后来拿出自己在部队一年零九个月集留下来的全部津贴费（100元），支援了干沟民办小学校。我把钱寄出去了，心里也就快活了。我为什么要这样做呢？这是我领会了党的精神，是党教给了我无产阶级的思想，是党不断培养和教育我的结果。

❶**比喻**　作者在此表明了个人和集体的正确关系。

❷**细节描写**　作者的所思所行说明他是一个品德高尚的人。

入党后，我虽然做了一个共产党员应该做的事，但是比起党对我的要求和期望还做得很不够。我决心继续努力，永远站在无产阶级立场上，永远忠于党，忠于人民。思想上要求准备战斗，准备自己在遇到最恶化的条件的时候，要为党、为人民的事业贡献出自己的一切。

读书笔记

缺点：

①因工作的需要，经常外出汇报，在生活上形成了一种自由散漫的作风。比如，有时候不请假外出，礼节不够周到，军容有时不够整齐。因今年我大部分时间在外地作汇报，很少参加党的组织生活，也没有经常向组织汇报自己的思想工作和学习情况。

❶举例说明

作者对自己缺点的梳理，说明了他对自我认识非常清楚并且愿意改正。

对同志的帮助不够，没能经常进行谈心活动。工作缺少方法，有时抓住了这头却丢了那头，遇到具体问题，仅仅从大道理上作一些解释，究竟怎样解决，要达到什么为合适，自己心中没底。个性急躁，办事总想一口气得成。以上缺点坚决克服。

申请人　雷锋（盖章）

精华赏析

从作者的入党转正申请书中，我们能够感受到作者的真情实意，他对党的感情非常深厚，他非常感激党和毛主席，也正是如此他才有动力做好事。

延伸思考

1. 你想加入中国共产党吗？

2. 雷锋的缺点有哪些？

3. 你知道自己的缺点有哪些吗？

相关链接

入党申请书是在入党之前写的一种书面材料，而入党转正申请书是指预备党员在预备期满后所提供的书面材料，入党申请书和入党转正申请书是不一样的。

工作方法

名师导读

做每件事情都会有一定的方法，工作也是如此，那么雷锋认为工作方法有哪些呢？让我们一起来阅读这篇文章，了解一下雷锋的工作方法吧！

（1961 年 12 月 2 日）

我们做工作，定指标，提任务，都要照顾需要和可能两个方面，不仅看需不需要这样做，而且看能不能做到，需要做而且能做到的我们就坚决做，需要做但是做不到或暂时做不到的，就不做或暂时不做。

①我们工作方法的特点是：也用纪律也用说服。但是占比重很大的，占绝对优势的，是说服而不是纪律。说服是主要的方法，纪律是次要的方法。以说服为主，不以惩办为主。

❶叙述 此处表明作者对自己应采取的工作方法非常明确。

严格要求是目的，耐心说服是方法，不能离开目的去讲究方法，这样就会舍本求末，也不能只顾目的而不讲究方法，这样目的也难于达到。

要把中心工作和经常工作结合起来，工作一定要善于抓中心，像打仗一样，集中力量，打歼灭战。[①]毛主席说："在复杂的事物的发展过程中，有许多的矛盾存在，其中必有一种是主要的矛盾……捉住了这个主要矛盾，一切问题就迎刃而解了。"

❶引用 作者引用了毛泽东的话来论证自己的观点。

——写在日记本上

精华赏析

这篇文章列举的很多方法也适用于现在的工作。在学习中，我们也应该严格要求自己，目标明确后，在实现的过程中要讲究方法。

延伸思考

1. 文章中所说的工作方法重点是什么？

2. 请了解毛泽东的《矛盾论》，并把内容简要写下来。

相关链接

毛泽东在《矛盾论》中提出：应该强化问题意识，坚持具体问题具体分析，并且讲究实事求是，同时要抓住主要矛盾，矛盾既有同一性又有斗争性。

做毛主席的好战士

名师导读

思想进步的雷锋想要成为一名光荣的解放军战士，后来他实现了梦想，更是下定决心要做一个好战士，而他也正是朝着这个目标一步步前进的。

（1962年3月6日）

1960年1月，我响应了祖国的征召，光荣地参加了中国人民解放军。当一个保卫祖国的人民解放军战士，这是我从小的愿望。因此，当车间李书记作了应征入伍的动员报告后，我内心激动得很久不能平静。[1]夜间，我躺在床上翻来覆去地睡不着，一段悲惨的家庭遭遇和痛苦的童年生活的辛酸回忆，使我更加坚定了保卫祖国的决心。

❶叙述　从“翻来覆去”可以看出作者此时内心的激动，他为有机会实现梦想而喜，同时引出下文。

我出生在一个贫苦的农民家庭。父亲给地主做长工，后来参加革命，被日本鬼子折磨死了。哥哥给资本家做工，手指被机器轧断，脑袋被撞伤，家里无钱医治，不久也死了。母亲领着我、抱着弟弟去讨饭，因吃不饱、穿不暖，第二年幼小的弟弟就活活被饿死了。母亲为了照顾我，不得不出去给地主做工，也因被野兽般的地主奸污而死去。那时我才7岁，孤孤单单，无依无靠，只好去给地主家看猪。冬天没有棉衣，就和猪睡在一块儿取暖。[①]地主家的肥猪比我吃得都好，每天还有人侍候它。我呢？挨打受骂是家常便饭。一次，地主家的狗抢我的饭吃，我只打了狗一下，狠心的地主就痛打了我一顿，还把我赶了出来。从此，我过上了流浪的生活，凄苦难言。

❶对比 作者将地主家的肥猪、狗和自己作对比，突出了作者生活的辛酸、凄惨。

1949年的夏天，我们家乡解放了，乡长彭德茂把我送到人民医院，治好了全身的疮疖。过年的时候，还给我换上了新衣服，还给我1块压岁钱。我感动得流下了热泪，叫他是自己的救命恩人。彭德茂告诉我："我们的救命恩人是毛主席，是共产党，是解放军。现在，你可以为你的父母兄弟报仇了。"

[②]我是从阶级敌人、民族敌人的压榨下挣扎过来的，是在阶级友爱的革命大家庭里成长起来的。想想过去，看看现在，我知道恨谁，爱谁，我知道保卫我们可爱的祖国，是我们青年的神圣职责。我一定要积极响应党的号召，争取当一个光荣的人民战士，把自己的青春献给保卫祖国的伟大事业，这就是我一生的最大光荣。

❷叙述 作者在前文回忆了自己的童年生活，在此袒露了自己的心理。这段描写具有正能量和积极性。

我想到这些，从床上爬起来就跑到车间办公室，叫醒了熟睡的李书记。我问他："我能不能入伍呀？"他说："能呀！像你这样身强力壮的小伙子，参加人民解放军是顶呱呱的哩！”他看了我一下说：“哎呀，小雷，你怎么没穿棉衣呀！下这么大的雪，不冷吗？”此时，我才觉得有些冷意。回到宿舍，我又连夜写了入伍申请书。第二天一早，我想到车间报个头名，谁知道头名叫另外的同志抢去了，真想不到我却报了个第二名。

不久，厂里锣鼓喧天地把我和其他检查合格的青年送到辽阳市，可是经市一检查，说我个子矮，不批准我。这可把我急坏了，两眼含着泪水一口气跑到身体检查站，向余政委问道：“凭什么不叫我参军，我哪一点不够格？”余政委说：“你个子太小了……”①难道因我个子小就不能保卫祖国吗？难道因我个子小就不能为自己的亲人报仇吗？我满肚子的委屈一齐涌上心头，扑到余政委的怀里痛哭了一场。余政委看我人小意志挺坚决，就同意我入伍了。我高兴地擦干了眼泪，穿上发给我的新军装，对着镜子一照，真把我乐坏了。我挺着胸膛，走进了革命队伍的行列，我的理想终于实现了。

②当我刚刚走到部队的第一天，就觉得有着说不出的温暖。头一天晚上，因我在火车上受了凉，有点咳嗽，夜间睡不着觉，看到营长轻轻地走到我们的房间，给同志们盖被子。营长看我还没睡着，就小声地问我：“小雷，怎么啦，是不是受了凉？”我想，首长工作又忙又累，夜间还来看我们，自己有点小病还是不告诉他好，以免麻烦。深夜一两点钟了，营长又关怀地走到我身旁，

读书笔记

❶反问

通过两个反问句表达出作者因不能参军的委屈和难过。

❷语言、心理描写

这段文字使我们感受到营长是一个关心爱护下属的人，雷锋也是一个体贴他人的人。

把自己的被子和大衣给我轻轻地盖上，还请来医生给我看病，我激动得泪水流湿了枕头。这一切，我看在眼里，记在心上，真感到祖国到处都有着我慈祥的母亲——伟大的共产党在关怀着我。

入伍不久，军事训练就开始了。我一听训练的是保卫祖国的本领，我的劲头就更足了，可是在投手榴弹时，因为我个子小，臂力不大，总也没有达到要求。一个革命战士，如果在战场上掷不出去手榴弹消灭不了敌人，那怎么能行呢！①于是，我起早贪黑地练习，有时晚上借着月光，偷偷地从床上爬起，拿着手榴弹就练一会儿，有时胳膊疼得很厉害，可是一想到吃点苦、受点累是为了保卫祖国的时候，就是再疼一点，又算得了什么呢！经过一个时期的锻炼，我终于达到了要求，取得了实弹投掷的资格，在训练时，准确地把手榴弹投到“敌人”的碉堡里。

❶叙述

作者为了早日达标，起早贪黑地偷偷练习，表现出他不怕苦、不怕累的精神品质，突出了他的毅力和决心。

一年来，经过党和部队首长的培养教育，我不仅学会了一套保卫祖国的本领，也大大地提高了自己的政治觉悟和思想水平。通过对毛主席著作的学习，更加鼓舞了自己保卫祖国的决心，坚定了永远是个战斗队的思想，决心用毛主席的思想武装自己的头脑，做一个毛主席的好战士。

②1960年夏天，我在街上看到抚顺市望花区红旗招展，锣鼓喧天，成千上万的人穿着节日的盛装，庆贺人民公社的诞生。可是，在这个全民欢腾的日子里，应该

❷场景描写

作者描述了人民公社成立时人们欢天喜地的场景。

怎样表达一下自己的心意呢？我把自己两年来在工厂和部队积下的200元钱，全部从储蓄所取出来，送到望花区人民公社。公社党委不肯收我的钱，经我再三的要求，才收了一半。

同年8月，辽阳市遭受了特大的洪水灾害，党中央和毛主席派飞机给灾区人民送来了粮食、衣服，我是人民的子弟兵，灾区人民有困难，我决不能袖手旁观，一定要大力支援灾区人民，和灾区人民同甘共苦，我把公社没有收的那100元钱，连同我写的一封慰问信，一起寄到了中共辽阳市委。后来，市委又把钱寄给我了，并写了一封信表扬了我。

一年来，我亲身体验到部队是一个革命的大学校，在短短的时间里，我不仅提高了政治思想觉悟，掌握了现代军事技术本领，还立了两次功，被评为五好战士和节约标兵，并于1960年11月8日光荣地加入了伟大的中国共产党。①我的这些进步，完全是在党的培养、部队首长的教育、老同志的帮助下获得的。我有决心在今后的工作、学习中，争取更大的成绩。一定永远忠于党、忠于人民、忠于保卫祖国的伟大事业，做一个毛主席的好战士。

❶叙述

作者是一个谦虚且永不停步的人。

精华赏析

在这篇文章中，作者写了自己参加中国人民解放军的过程，我们能够感受到作者的一腔热血以及军队里面和谐的气氛。

延伸思考

1. 雷锋为什么要参加中国人民解放军？

2. 余政委为什么最后同意让雷锋入伍？

3. 文章中出现了哪些人物？他们各有什么形象特点？

相关链接

雷锋在部队期间被评为“五好战士”“模范共青团员”“节约标兵”，还获得了二等功一次、三等功两次，受嘉奖多次。

讲 话

在小学毕业典礼上的发言

雷锋在小学毕业典礼上的演讲预示着他将成为一名合格的共产党员。在小学毕业演讲中，他向老师和同学展示了自己的忠诚和热血。

（1956 年 7 月 15 日）

亲爱的老师、同学们：

我们小学毕业了。毕业以后，很多同学准备升入中学学习。我呢，[1]我决定留在农村广阔的天地里，当一个新式农民。我决心做个好农民，争取驾起拖拉机，耕耘祖国大地，建设社会主义新农村。将来，如果祖国需要，我就去做个好工人，为我国的社会主义工业化建设出把力。将来，如果祖国需要，我就参军做个好战士，用自己的鲜血和生命去保卫我们伟大的祖国。

> ❶**叙述** 在这段文字中，我们看到作者年纪轻轻就有了明确且伟大的目标。

同学们，让我们在不同的岗位上竞赛吧！

老师们，请你们看我的实际行动吧！

精华赏析

这篇演讲稿虽然篇幅短小，但是能从字里行间感受到作者远大的志向和对祖国的忠诚，很有意义。

延伸思考

1. 读了这篇发言稿，你觉得雷锋是一个什么样的人？

2. 雷锋的目标是什么？

3. 雷锋最终实现他的目标了吗？

相关链接

雷锋在小学的时候就已经明确了自己的目标，并为之努力。我们在平时应该多阅读，多观察，找到自己的目标，并为这个目标付出实际行动。

在鞍钢授奖大会上的发言

名师导读

这篇发言稿有着雷锋一贯的风格，他的语言并不华丽，但朴实无华的句子中却蕴含着真挚的情感，他的心中满怀着对党、对同志、对国家的感激之情。

（1959 年 9 月）

❶抒情

文章开篇作者就表达了参加这次大会激动、喜悦的心情，表达了对党、对同志的感激之情。

[1]我这样一个孤苦伶仃的穷孩子，今天能够参加这样光荣的大会，心中感到十分光荣，万分感激党对我的教育和培养。我的一切都是党给我的。光荣应该归于教育我成长的党，应该归于热情帮助我进步的同志们。

我懂得一朵花打扮不出春天来，只有百花齐放才能春色满园的道理。

一花独秀不是春，百花齐放春满园。

精华赏析

文章虽然简短但满怀真情，在这篇演讲稿中，作者非常谦虚，把自己所取得的成就归结为党的培养和同志们的帮助。

延伸思考

1. 请写一篇演讲稿。

2. 把你喜欢的句子摘抄下来。

3. 这篇演讲稿有什么特点？

相关链接

我们可以学习这篇演讲稿的写作模式。整篇演讲稿在开头简单介绍自己，接着感谢培养自己的党和帮助过自己的同志，结尾处勉励自己和他人。

在化工总厂大会上的发言

名师导读

雷锋同志的讲话稿都很精彩，读完他的这篇讲话稿后，我们可以感受到团结的力量以及他对自己的高要求。

（1959 年）

敬爱的党委和全体师傅以及青年朋友：

今天我以万分高兴的心情来参加这次大会，于主席的报告和许多同志的发言，使我更认识到党的英明、伟大和正确。①在这会上，我代表新工人向全体师傅们致以热情的祝贺，祝你们从胜利走向胜利，乘风破浪，以愚公移山的气魄，以武松打虎的劲头，以排山倒海之势，以百战百胜的精神来超额完成钢的生产任务。

❶排比 雷锋在会上送出了祝福，其中“愚公移山”“武松打虎”等典故的运用使文章更精彩，同时运用了排比的修辞手法，增加了语句的节奏感，增强了文章的气势。

敬爱的师傅们，自我去年 11 月间离开机关，踏入了伟大的工人阶级的队伍，我是感到非常荣幸的。由于工厂党委对我的亲切关怀和师傅的耐心教导，以及大家的帮助，我很快地学会新的技术。这是党的光荣，也是师傅们的光荣，是我个人的荣幸。师傅们，我们一定要继续努力，克服困难，为完成钢的生产任务而贡献出我们的一切力量。

今天我又感到十分惭愧，我入厂到现在没有为党做出多大的成绩。通过今天的大会，我明确了只有依靠伟大的党和广大群众，克服一切困难，积极热情地工作，才会做出成绩。现在我只有以实际行动，以出色的成绩来感谢党和师傅们的亲切关怀和照顾。

在这里，我向党宣誓，向党保证：

一、我保证听党的话，服从组织调配。

二、向先进学习……破除迷信，发扬敢想敢做的共产主义的高尚风格，向科学堡垒进攻。

三、保证勤学苦练，虚心向师傅们请教，求得对机械的彻底了解和运用。

[1]四、保证百分之百出勤，做到大病坚持干，小病不下火线，玩命干。

五、保证按时参加各种会议和学习，在近两年内达到能文能武的多面手。

六、不违反劳动纪律，踏踏实实地干工作。

❶叙述

哪怕生病，他都要坚持下去。从“百分之百”“玩命干”可以看出雷锋的决心是多么坚定。

精华赏析

在这次发言中，雷锋阐述自己的目标，表达了自己内心的感受，充满真情。

延伸思考

1. 请摘抄你喜欢的句子。

2. 这篇文章采用了什么结构?

3. 在这篇文章中作者感谢了谁?

相关链接

化工总厂是鞍钢股份公司下属的重要主体厂。化工总厂始建于1919年，技术力量雄厚。

在工兵第十团欢迎新兵大会上的发言

名师导读

雷锋在工兵团里是一个非常受欢迎的人，他经常作为代表在各种会议上发言。下面这篇文章就是雷锋在工兵第十团欢迎新兵大会上的发言。

（1960年1月8日）

敬爱的首长和全体老大哥同志们：

你们好！

首长让我代表新战士讲话。我们这些新战士，能在60年代刚刚开始的日子里，穿上军装，扛起枪杆，真有说不出的高兴。①我们当中有工人，有社员，也有学生，来自四面八方，可我们只有一个心眼，学好本领，保卫祖国，当个像样的兵，做毛主席的好战士。（听众鼓掌）

❶叙述 新战士曾经有不同的身份，来自不同的地方，但大家心里所想是一样的。

刚才团首长讲话，希望我们争当一个模范战士，依我说，有党的领导，有老同志们的帮助，我们大家都要有一百个信心保证当上！（众笑）

你们笑什么呀，我讲的是实话。

精华赏析

雷锋在本次发言中着重强调了要做毛主席的好战士，部队的成员虽然来自四面八方，但是雷锋认为大家的心愿是一样的。

延伸思考

1. 在阅读完这篇文章后，你有什么感悟？

2. 你认为怎样才是一个“像样的兵”？

3. 你赞成雷锋说的话吗？

相关链接

工兵全称工程兵，工程兵主要承担军事工程保障的任务，是军队实施工程保障的技术骨干，主要负责开路、灾害抢修等任务。

在沈阳师范学院的讲话

名师导读

在家乡解放之前雷锋的生活是怎样的呢？家乡解放之后他的生活又如何？在这篇发言稿中作者详细描述了两者之间的差距。

（1960 年 11 月 5 日）

一、父亲的死。

二、哥哥的死。

三、弟弟的死。

四、唐地主逼我妈到他家做女工，给小孩洗屎、洗尿，给少奶奶抹澡、倒马桶。我给他家扫地、抹桌凳，后来我妈被唐七少爷强奸，怀孕被赶出。可恨的地主还到处说我妈是破鞋，不要她做女工了。我妈被逼得上天无路，入地无门，在 1947 年农历八月半那天晚上上吊自杀。[1]临死的那晚，她泪汪汪地对我说："苦命的孩子，妈妈不能和你在一起了，靠天保佑，你要自（己）长（大）成人。"她脱下自己的一件衣服披在我的身上，叫我到六叔祖母家去睡，我走后，她就上吊了。

❶语言描写 从这段语言描写中，我们能够感受到雷锋妈妈的无奈，在那个时代，地主的压迫使得她没有办法继续生存，展现出地主阶级的残忍。

五、剩下了孤孤单单7岁的我，只好给地主家放猪（还是李老大爷和地主说好话才收下了我）。8月15日晚地主要我到张家酒店打酒（6里地），我在回来的路上碰了一块石头，摔倒在地，把酒洒了一多半。回来被唐七少爷打了几个大耳光，还挨了一脚尖，把我踢倒在地，碰得我鼻子鲜血直流。当晚我没吃饭，饿得没法，到屋后菜园子里挖了几个地瓜吃。[①]第二天唐七少爷知道了，他用长骨刺刺我的嘴巴，刺我的手，刺得我嘴巴直流血，现在我嘴上还有一个伤疤。有一次，我把唐七少爷儿子的一块糖用手碰掉在地，又被七少爷狠狠地打了一顿，（他）用绳子捆着我的手，把我按在地上，七少爷的老婆还脱了鞋子打我的嘴巴。有一天，他家一只狗吃了我做的饭，我打了狗几拳，唐家地主的老婆骂我“打狗欺主”，要打死我，并把我赶出他们家。从此，我过着流浪的生活。

①动作描写　从几个“刺”字反映出唐七少爷的狠毒，表现出作者年少时生活的凄惨、无助。

六、[②]1949年我的家乡解放。党给我吃的、穿的，送我上学念书，乡长彭德茂买给我新棉衣、棉裤，过新年请我吃饭。他还把从地主家分得的一件小呢子外套送给我穿，把他儿子（的）一双新棉鞋穿在我的脚上，上学给我笔和纸。学校（的）谭礼老师待我很好，买给我石板、石笔、书包、雨具，放假和过节带我到他家去玩，上课时他把着我的手学写字。

②对比　这段文字显示了解放后作者生活的转变，与上文中作者过的生活形成了鲜明的对比。

七、1956年我小学毕业，11月调到望城县委员会工作。1957年2月光荣入团。调县委后，冬天张书记买给我一件皮大衣、手套。有一次，我和他下乡到望岳乡，我生了病，张书记给我打洗脸水，给我做面条，安慰我。我非常激动，县委书记对我这样好，像父亲一样。我能够在县委机关工作，真是做梦也想不到。党委无微不至地关怀我，还送我到干部文化学校学习。张书记还买给我一本《怎样做一个有共产主义道德的人》的书。首长对我这样关怀，我下定了决心好好工作。我做了一点点工作，党和人民给了我很大的荣誉，还评我为先进工作者和优秀的共青团员。

读书笔记

1957 年 9 月，和赵书记参加建设新农场。一个下雨的晚上，我和赵书记从工地开会回指挥部，赵书记把雨衣披在我身上。①我走到一个（座）桥上，一下没小心掉到了八曲河里（河有三丈多宽，水深八九尺，河岸高一丈）。我掉到河里后，赵书记立即跳到河里，把我救了上来。我的右腿摔伤，赵书记背我回到指挥部，第二天把我送到县医院。他在百忙中还抽出时间来看我，送给我苹果、橘子，我住了一星期就好了。

❶细节描写 从这一段可以看出党的干部对群众的关心、爱护。

有一天晚上，我送通知到工地，回指挥部时天突然下雨。我走到一个新修的水闸上，看见了很多的水泥，于是我想到了不要让国家的财产受到损失，便连忙脱下自己的棉大衣盖在水泥上，并急忙跑回指挥部找到雨布，和民工一起去盖好了。农场建完后，我被评为劳动模范。

1958 年 1 月，团县委发出要建立青少年拖拉机站

❶叙述

作者的行为表现出他对建立拖拉机站的支持。

的号召后，我内心有一种说不出的高兴。①那月我领了29元薪金，就捐献建立拖拉机站20元，留下了9元做伙食费。1958年2月，团县委调我学开拖拉机，我当了全县第一个拖拉机手。因工作需要，在7月又把我调回机关，同年11月把我送到鞍钢参加工业建设，15日我就到达了钢都，后开推土机（还带3个学员），被评为红旗手1次。

❷列数字

通过"18次""5次""3次"等数字，具体生动地表现出了作者的优秀和肯干。

②1959年8月调到辽阳化工厂工作，在生产和工作中18次被评为标兵，5次评为红旗手，3次评为先进生产者。

有一天夜里，天下雨，我看到工地上有7200多袋水泥，于是我拿出自己的被子去盖上水泥，还组织了一支青年突击队进行抢救，免遭严重损失。技术革新我搞了杠杆挖泥、滑车、双轮车，被评为革新标兵。在红专学校当教师，带了三个学开推土机的学员，车间给我36元师傅费我都没要。晚上下班不回宿舍，参加炼钢，还捡废钢20多斤。

读书笔记

我还自己做宣传鼓动工作，表扬先进人物，开展叫号赛、对手赛，老工人鲍师傅和我对手赛一天没休息，忘记了吃饭，提高工效一倍，一人顶二人。

精华赏析

在阅读完这篇文章后，我们可以感受到作者具有无私奉献、热爱劳动、报效祖国等好品质，可以用“又红又专”这个词来形容他。

延伸思考

1. 请用恰当的形容词概括一下作者的幼年生活。

2. 作者在文章运用对比手法，是为了说明什么？

3. 文章中“革新标兵”是什么意思呢？

相关链接

从这篇文章中我们知道，雷锋的幼年生活非常困苦，7岁就成了孤儿，去地主家帮工被殴打。正是这种生活的磨砺，让他更坚定自己的信念——跟着党走。

在沈阳军区工程兵政治工作会议上的发言

名师导读

在这篇发言稿中，雷锋详细梳理了自己做的事情。在雷锋所做的事情当中，大多与节约以及帮助他人有关。

（1960 年 11 月 8 日）

一、解放前（略）

二、解放后

（一）党的拯救，有吃有穿，党叫我念书；

（二）解放后第一个新年；

（三）党的培养，老师的教育，小学毕了业；

（四）调望城县委会工作（1956 年 11 月），入团；

（五）1957 年 9 月和赵书记参加治沩工程；

（六）1958 年 2 月到农场开拖拉机；

（七）1958 年 7 月调回机关，11 月到鞍钢开推土机；

（八）1959 年 8 月调辽阳化工厂。

1. 革新三项；

①2. 和泥提高工效 1.5 倍；

3. 评标兵 18 次、红旗手 5 次、先进生产者 3 次、先进积极分子 1 次、党的优秀宣传员 1 次；

4. 抢救水泥 7200 多袋；

5. 利用业余时间捡大粪 800 多斤送给人民公社；

6. 把自己的棉大衣、两件单衣、一条裤子送给吕常泰大爷。

三、入伍后

（一）1 月 8 日入伍，营长的关怀；

（二）一堂政治课，一场电影；

（三）社会主义教育；

（四）学开汽车；

（五）当文化教员；

（六）愉快的假日；

（七）对一位老太太的照顾；

（八）一盒饭；

（九）防洪抢险；

（十）给一位妇女 3 元钱买车票。

四、节约

②（一）过年发的两斤苹果和糖票；

（二）从垃圾堆捡一双破袜子；

（三）一把牙刷，80 个牙膏皮；

（四）一瓶汽水；

①列数字

通过一个个具体的数字，表现出作者踏实肯干、敬业爱岗、乐于奉献的精神品质，他总是在想着为他人、为社会做点什么。

②举例说明

从这七点可以看到作者的节约精神。他在生活上一直秉持着节约的理念，省下了不少钱用来捐助，这种精神值得我们学习。

读书笔记

（五）节约旅差费（1元5角，抚顺—营口）；

（六）一双破皮鞋；

（七）节约38元；

（八）总共节约200元；

（九）支援望花区人民公社100元；

（十）给辽阳市委100元救灾款；

（十一）立三等功1次，二等功1次。

今天我生长在幸福的毛泽东时代，处处感到温暖，祖国到处都有我慈祥的母亲——伟大的中国共产党对我无微不至的关怀和教育。我这一点点贡献比起党对我的要求和期望还做得很不够，我决心听党的话，听首长的话，好好学习，忘我地工作，积极参加劳动，奋发图强，勤俭节约，建设社会主义。

熟练手中武器，学好现代化的军事技术，时刻准备着。[①]当党需要我的时候，我一定挺身而出，不怕牺牲和一切困难，永远忠于党，忠于人民，继承前辈优良的革命传统，为保卫社会主义建设，为保卫世界和平，我要把自己可爱的青春献给祖国最壮丽的事业，做一个真正的共产主义革命战士。

①点明主旨 从这段话可以看出作者是一名真正的革命战士，他对国家、对党、对人民始终怀揣着一颗忠诚的心。

精华赏析

在这篇发言稿中，作者采用了分—总的手法，首先列举了自己在不同的时间段做的不同事情，然后说明自己在未来应该做的事情。

延伸思考

1. 阅读完这篇发言稿后，你认为雷锋是一个什么样的人？

2. 在我们现今的时代，可以学习雷锋什么样的精神呢？

相关链接

这篇发言稿的大部分都用了列举的方法，使发言更具有说服力。结尾两段，作者怀着真情实感表明了自己前进的方向和具体的作为。

在授奖大会上的发言

名师导读

当获得荣誉的时候，我们会感到开心，但是雷锋往往还会感到惭愧。为什么他会感到惭愧呢？让我们一起来寻找答案吧！

（1960 年 11 月 27 日）

敬爱的首长、亲爱的全体战友：

今天我感到非常荣幸，同时又感到十分惭愧。[①]荣幸的是：我有了慈祥的母亲——伟大的中国共产党和英明的毛主席对我不断地培养教育，使我从一个穷孩子成长为一个有一定知识和觉悟的光荣的共产党员，成了国家的主人，有了说话的权利。惭愧的是：我为党为人民尽了一点点本身应尽的义务，党和人民却给了我这么大的荣誉。党给我的恩情太大了，我永远也报答不完。

①心理描写 当作者获得了荣誉后，他心里既开心又惭愧，这说明作者一直把自己做的事情当作理所应当，他不是为了追求荣誉而去做那些事情。

我在党的教育下，特别是经过认真学习毛主席著作，才使我的思想和眼界变得更加开朗和远大，使我的干劲越来越高涨。我所取得的这一点点成绩，应归功于不断培养教育我成长的党和英明的毛主席，应归功于热情帮助我进步的同志们。我这么一点点贡献，比起党对我的要求和期望是很不够的。我决心鼓足更大的干劲，高举毛泽东思想红旗，做出更大的成绩。

我的保证是：

[1] 1. 听党的话，听毛主席的话，努力学习毛主席著作，做毛主席的好战士。

2. 继续努力，不怕困难，学习好政治、军事、文化、技术，保证成绩优秀。

3. 工作上处处带头，保证搞好团结，帮助好同志，做到见先进就学，见困难就上，见方便就让。

4. 严格遵守部队一切纪律，服从命令听指挥。

5. 发扬艰苦朴素、勤俭节约的优良传统，不乱花一分钱，不乱买一寸布，不掉一粒粮，做到省吃俭用，点滴积累，支援国家建设。

❶叙述

由作者的保证可以看出他对党的忠诚，对毛主席的忠诚，也体现了他不怕困难、不怕吃苦的态度，以及勤俭节约、积极进取的品质。

精华赏析

在这篇发言稿中，作者致敬共产党和毛主席，随后表明了自己的态度，提出了保证。由此，我们知道，作者做任何事情都不忘自己的信仰。

延伸思考

1. 雷锋为什么会感到惭愧？

2. 雷锋觉得哪些事情很有益？

3. 读完这篇发言稿，你觉得雷锋是一个怎样的人？

相关链接

一篇获奖后的发言稿，一般在最开始都会感谢帮助自己的人以及组织，然后表明自己的决心，最后可以呼吁大家一起努力。

对同学们的希望

名师导读

雷锋不仅在军区以及授奖大会上发言，也曾在学校发言。面对学生，雷锋会说些什么呢？让我们一起来阅读这篇发言稿。

（1960 年 11 月）

一、希望你们树立以下四个志气：

1. 立下发愤图强，建设社会主义强国的志气。

2. 立下全心全意为人民服务，把一生献给共产主义事业的志气。

3. 立下艰苦奋斗、勤俭建国的志气。

4. 立下刻苦学习，攻克现代科学文化堡垒的志气。

①二、做一个有礼貌又文明的好同学。

1. 认真听老师讲课。

2. 积极参加各项活动。

3. 保证完成作业。

4. 学好样，做好事。

5. 搞好团结，尊师爱校。

❶列举说明：作者具体生动地写出了他心目中好学生应做的事情和应具备的品质，表现出他对学生们的殷切期盼。

附录：

读书笔记

我手上的伤痕就是被地主婆砍的，你们生活在毛泽东时代是多么幸福啊！你们要好好学习，天天向上，这样才对得起党和毛主席啊！

我在县委做公务员的时候，张兴玉书记和我说过，人有三件光荣的事，入队、入团、入党，并一再鼓励我争取入党。现在，我把这话转告给你们。

组织和集体给的任务，是最重要的。

[1]学习，学什么课程都一样，要用心，要钻进去，要像钉子一样。

❶比喻 作者运用生动形象的比喻劝诫学生们学习要用心、专注、投入。

你们学知识，就像我们开汽车，也要常练习。不练习，手就生了。

不懂，就应该问。不问，什么时候也不会。

今天学一页，明天学一页，积少成多。学习，不抓紧时间还行吗？

不要为一点小事就吵嘴呀，你们长大了，还要一起建设祖国哩！要是不讲团结友爱，将来怎么能齐心合力做好工作呢？

积少可以成多，滴水可以成河。别看都是些破烂，搜集起来，对国家建设都有用处。

培育一棵树多不容易，要爱护国家财产。锻炼身体要经常坚持。天天练，身体就会逐渐强起来。

——抚顺市建设街小学和本溪路小学
少先队员们追记雷锋对他们讲过的话

精华赏析

作者用简洁的语言告诉学生们要认真对待学习，要把党放在心中，要团结友爱……这些话语简单易懂，让人印象非常深刻。

延伸思考

1. 读雷锋说的话，你受到了什么启发？

2. 雷锋在发言稿中说，哪三件事情是光荣的事？

3. 在学校为什么要团结友爱？

相关链接

在演讲的时候，不仅要注意发言稿的结构和形式，还要结合演讲的听众，比如这篇发言稿的听众是学生，所以作者使用的语言都简洁易懂。

在辽宁省实验学校的讲话

名师导读

雷锋曾在辽宁省实验学校发表过一次讲话，在这次讲话中，雷锋着重强调了毛泽东著作的重要性。让我们一起来看看吧。

（1961年1月5日）

我学习了《反对自由主义》。在我们那个班，有一个同志就是当面不说，背后乱讲，乱放空炮。我想，这就是犯了自由主义，我就拿来毛主席著作给全班同志念。我念了以后，大家都互相督促，对照毛主席《反对自由主义》十一条检查自己，鞭策自己。①后来，我们大家掌握了批评与自我批评的武器，全班拧成一股绳，团结得特别好。

❶比喻 作者的比喻显示了大家非常团结，表现出批评和自我批评的重要性。

我学习了毛主席著作，有一句话，我印象最深刻。毛主席说：关心别人要比关心自己为重。我要时时刻刻按照毛主席的话来做。比如有一天我们上山去打猪草，我们早上吃了早饭去，走了十多里地到了大山上。我们中午都是带饭去的，12点钟吃饭的时候，有一个战友坐着看人家吃饭。我就问他（的）饭哪里去了？他说他早晨吃了两盒饭，把饭带到肚子里来了。[①]当时，我想到如果他中午不吃饭，会影响他的情绪。我想毛主席说的关心别人比关心自己为重，就把我那盒饭送给他吃。我看到他把饭吃完了，吃得饱饱的，干活特别起劲，就感到非常高兴。

一次，发了大洪水，我们部队出发防洪抢险。在艰苦的战斗中，连长看我个子小，不叫我跳下去，那里的水齐我这（指水深）。我想到我一定要跳下去，我也想到在这样的艰苦环境下，一定要做好宣传鼓动工作。因此，我就带领战友喊口号呀，唱歌子啦，这样，大家干劲就特别足啦。那天晚上还下着很大的雨，我看见了好人好事马上就表扬。我发现一个同志的铁锹坏了，他就用手挖泥，我看这个事很好，马上到广播站去广播。当我走到堤上的时候，看到一个战友没穿雨衣，当时，下着很大的雨，我想毛主席教导关心别人要比关心自己为重，因此，把自己的雨衣脱下来送给那位战友穿上了。那一天晚上，整整地战斗了一夜。到第三天我生了病，一天没吃饭。连长叫我休息，我想到一定不能休息，一定要去干。在这个时候连长就叫来一个卫生员，他说："你来看着他，不叫他去。"那个卫生员把我拖到房里边，他就不让我去，看着我。

我走到房里以后，就打开自己的日记本，当时我看到了黄继光的英雄照片。我在入伍的时候，在《解放军画报》上找到黄继光的照片，我把它剪下来贴在自己的

①心理描写

作者得知战友没有饭吃，就把自己的饭送给了战友。虽然作者自己要饿肚子，但他却十分高兴。比起自己，作者更关心战友。

读书笔记

日记本上，当作自己学习的榜样。我看到了他的照片以后，满身都是劲，一种无穷的力量鼓舞了我。我想到黄继光为了革命，为了人类的解放，他牺牲了自己的生命，我想到现在洪水在直接威胁着人民生命财产的安全，在这样的艰苦环境下，就是牺牲了自己也是光荣的，这是为了党的事业，为了人民。①因此，我想到在这样艰苦的环境下，要下决心，绝对不能后退。后来，我和卫生员说：“卫生员，你等一下，我去解手去。”我就借解手的机会，跑到工地上又和大家一起参加了防洪抢险的战斗。

❶叙述、语言描写

作者明白，直接和卫生员说去防洪抢险，卫生员一定不会同意，因此故意编了个理由偷偷离开，表现了他执着为党、为人民。

党中央提出增产节约号召以后，我想自己一定要积极响应。我牢牢地记住了毛主席的教导。毛主席说：“要使我国富强起来，需要几十年艰苦奋斗的时间，其中包括执行厉行节约、反对浪费这样一个勤俭建国的方针。”我想到应该积极地响应党的号召，就按照毛主席的话，按照党的教导、党的号召积极去做。我处处注意勤俭节约，处处注意不浪费。

7月份，我参加了（部队）体操运动员比赛大会。那时，天气比较炎热，好多同志比赛完了都出去买汽水喝。当时，我也很渴，也想买一瓶，②我掏出了3角5分钱，但是我舍不得这钱哪。我想到一分钱、一角钱都是来之不易的，我也想到这3角5分钱可以买一个小笔记本子，学习文化。我就没有买，到外面找了一个凉水管子，漱一下口。

❷心理描写

这段描写体现了作者点点滴滴都节约。

部队发给我的袜子，发给我的毛巾，发给我的衣服，发给我的皮鞋，用不完的我都存起来。当辽阳地区遭受灾害以后，我想到把这些东西支援灾区。后来，上级号召救灾，我就交了一套衣服、一双皮鞋，毛巾、袜子、手套都支援了灾区。

部队发给我的津贴费，我除了理发以外，就是买一些毛主席著作，买一些关于青年修养和党的知识的书。其他的钱我都存起来。从工厂到部队，整整两年，共节约了200元钱。在当时，我又从报纸上看到全国都开展了轰轰烈烈的人民公社化运动。我想到在部队驻地人民走上集体化道路的时候，自己做一点什么好呢？在这个时候我想到我自己一定要为人民公社献点礼物。[①]这时候，我又想到自己几年来储蓄了200元钱。我把这些钱都从银行里取出来，亲自送到了和平人民公社。当时，那个社主任不要。我说这些钱是党和毛主席给我的，过去我不但是看不着钱，连饭也吃不上。我说这200元钱是支援你们的，我没有什么礼物送给你们，就把这200元钱给你们做礼物。我再三地央求，最后，人民公社收下了100元。8月份，辽阳地区遭受特大洪水的灾害，我在报纸上看到了毛主席和党中央派来飞机，向灾区人民送衣服，送粮食。我想到党和毛主席对灾区人民这样的关怀，我也想到自己是一个人民的子弟兵，是无产阶级革命战士，人民的困难，就是我的困难，当人民有困难的时候，我绝不能袖手旁观。因此，我又拿出那个公

读书笔记

❶叙述

作者将省吃俭用几年才存的200元钱全部送给人民公社，以实际行动体现了对党和国家的热爱。

读书笔记

社没有收下的100元钱，写了一封慰问信，一起寄到了辽阳市委，支援灾区。

十多年来，我在慈祥的母亲——伟大的中国共产党培养哺育下，一天天成长起来，由于政治觉悟和阶级觉悟的不断提高，光荣地加入了伟大的中国共产党。这是我永远不能忘记的日子。但是我想到距离一个党员的条件，还差得很远，我一定要向老战友学习，一定要做一个名副其实的共产党员。

十多年来，在党和毛主席的培养教育下，我深切地认识到，要想成长进步，要想为党做更多的工作，就必须读毛主席的书，听毛主席的话，按照毛主席的指示办事。这样，才能做毛主席的好战士。

①党的培养教育，使我成长了。我为党为人民仅仅尽了自己一点应尽的义务，党和人民给予我很大的荣誉，我真为这个而惭愧。我每一点微小的进步和成绩，都应该归于不断培养教育我成长的党，都应该归功于热心帮助我进步的同志们。我对党这么一点点贡献，比起党对我的要求和希望还差得很远。我决心在今后，高举毛泽东思想红旗，时刻提高革命警惕，握紧手中武器，一定要将我们的革命进行到底，为彻底消灭帝国主义奋斗到底。

❶叙述、抒情……当作者取得成绩的时候，并不骄傲，反而觉得自己只是尽了一点应尽的义务，并下定决心要更加努力，提高警惕。可见他是个一心为公、谦虚严谨的人。

我一定要永远听毛主席的话，读毛主席的书，按照毛主席的指示办事，永远做毛主席的好战士。

最后，祝老师和同志们身体健康。

精华赏析

在这篇发言稿中，作者多次通过自己平时的亲身经历告诫实验学校的同学要把毛主席的话放在心中，为党和国家做更多的事。

延伸思考

1. 阅读完这篇发言稿，你得到了什么启示?

2. 新中国成立初期，党中央为什么要提出增产节约号召?

相关链接

《反对自由主义》是毛泽东同志于1937年9月7日写的一篇文章。原载于1942年4月10日延安《解放日报》。1952年收入《毛泽东选集》第二卷。

在沈阳军区工程兵部队第六届团代会上的发言提纲

名师导读

在雷锋的心里，毛泽东著作是极其重要的。通过这篇发言提纲，我们就能够清楚地看到雷锋是怎样学习毛泽东著作的。

（1961 年 4 月 29 日）

（一）从什么时候开始学习毛主席著作？怎样学习的？

❶举例说明 作者的行动显示出毛泽东著作对他工作、生活、学习等方面的影响。

①（二）学习了毛主席著作后，战胜了和泥的困难（冬天）。

（三）学习《关心群众生活，注意工作方法》那篇文章后，帮助贫农吕常泰老大爷解决生活困难，送给他一件棉衣，一套单衣。

（四）学习《中国社会各阶级的分析》后，提高了认识。

（五）学习《关于正确处理人民内部矛盾的问题》后，解决了 ×× 同志的思想问题。

（六）学习毛主席所说的怎样战胜困难后，战胜了投手榴弹的困难。

[①]（七）学习《为人民服务》文章后，在星期日休息时间带病帮助工人推砖；在乘火车时当服务员，解决旅客的困难，把自己的面包给一位老大爷吃，还给他 1 元钱买车票。

（八）学习《纪念白求恩》文章以后，支援灾区。

（九）学习《毛泽东选集》第四卷以后，对当前的国际形势和国内形势有了新的认识。

（十）表示今后学习毛主席著作的决心。

1. 学习毛主席著作，要学习毛主席的立场、观点和方法。

2. 学习毛主席著作与改造自己的思想相结合，树立全心全意为人民服务的思想和辩证唯物主义世界观。

3. 学习毛主席著作与改进自己的工作相结合。

4. 学习毛主席著作与搞好训练、提高技术相结合。

5. 学习毛主席著作与学习国内外形势，党的任务、方针政策相结合。

①举例说明

作者学习了《为人民服务》以后，变得更加乐于关心、帮助他人。

读书笔记

在这篇发言提纲中，雷锋多次引用毛泽东著作来阐述阅读这些著作对自己的影响，我们可以看出雷锋的政治思想觉悟非常高。

延伸思考

1.把《关于正确处理人民内部矛盾的问题》这篇文章找来读一读，看看它具体讲述了什么内容。

2.从这篇发言提纲中，你受到了哪些启发？

毛泽东著作对中国革命具有深刻的影响。在这些著作当中，毛泽东对中国革命进行了深刻的分析，并且为中国的发展道路指出了一个正确的方向。

在抚顺市第四届人民代表大会上的发言

名师导读

雷锋曾作为人民代表大会的代表在抚顺市第四届人民代表大会上发言，在这篇发言稿中我们能够感受到雷锋对党、对人民、对祖国的忠诚。

（1961 年 8 月 5 日）

敬爱的上级党委，亲爱的全体人民代表：

我是沈阳军区抚顺驻军 7343 部队的一名战士，像我这样一个在旧社会要饭的穷孩子，今天能够参加这样的大会，心里有说不出的高兴。但是我又感到很惭愧。

①我高兴的是：有党和毛主席的英明领导，自己当了家，做了国家的主人，有了说话的权利。

我感到惭愧的是：自己是个大老粗，是个不懂事的孩子，为党做的事太少了，比起各位代表，我差得太远了。我有决心向大家学习，请代表们多多指导和帮助。

❶心理描写

作者将自己的成就归功于党和毛主席，总认为自己做得还不够。

为了更好地接受党的教育，求得大家的帮助，我想在大会上表示一下自己的决心。首先，我完全同意和衷心拥护王市长、赖副市长、史院长所作的报告，并且坚决认真贯彻执行。

亲爱的全体代表：我是一个给地主放猪出身的穷孩子。①今天，我能参加这样的大会，是我做梦也想不到的。在吃人的旧社会，我一家人都死在帝国主义、封建主义、官僚资本主义的手里。我的爸爸因被小日本鬼子抓去毒打成疾致死。我的哥哥给资本家做工，被机器轧伤致死。我那 3 岁的弟弟被活活饿死了。我的妈妈被可耻的地主奸污而死去。我 7 岁的时候，就成了一个无依无靠的孤儿。为了活下去，我只得给地主干活，吃不饱、穿不暖，天天挨打受骂。

❶**叙述**

作者的讲述揭示了旧社会的黑暗，贫苦百姓被无情地剥削，生活黑暗无比。

解放后，党和毛主席救了我，不但给我吃的穿的，还送我上学读书。我高小毕业后，党又培养我当了技术工人。特别是我去年入伍后，由于党和部队首长对我的不断培养教育，同志们的帮助，（我）不仅学会了一套保卫祖国的本领，而且大大地提高了政治觉悟，通过（对）毛主席著作的学习，（我）对问题的看法和认识，也更加清楚和明确了。

读书笔记

比如：去年我把几年来节约下来的 200 元钱，送给了人民公社，公社不肯收，我再三要求，（公社）才留下 100 元。去年 8 月，我在报纸上看到辽阳市遭到了特大洪水的灾害，我难过极了，心想我是人民的子弟兵，当人民遇到困难的时候，应该挺身而出，大力地支援，于是，我把公社未收下的那100元钱又寄给了辽阳市委并写信慰问了遭灾人民。

今天，我虽懂得了一点道理，我做了我应该做的一些事情，但是比起党对我的要求，还做得很不够。我决心继续努力，不断前进。几年来，党和人民对我的信任，给了我很大的荣誉，而且我在去年加入了光荣伟大的中国共产党。我每一点微小的成绩和进步，都是党和部队首长不断培养教育的结果，是和同志们的帮助分不开的。党是我最慈祥的母亲，我所有的一切，都应该归功于党。

读书笔记

回想过去，看看现在，我更加地热爱党、热爱毛主席。

今天，我衷心地感谢党救了我的命，感谢党给了我无产阶级思想，感谢政府对我无微不至的关怀和照顾，感谢人民对我的爱护。

为了不辜负党和人民对我的要求和期望，以及在这次大会的鼓舞下，我决心鼓足更大的革命干劲，努力学习马列主义和毛泽东思想，更好地为人民服务，在今后的工作和学习中，争取更大的成绩。我一定要时刻提高革命警惕，握紧枪杆，保卫我们的社会主义建设，保卫我们的祖国。①我要永远忠于党，忠于人民，忠于保卫祖国的伟大事业，做毛主席的好战士。

最后祝大会胜利成功，全体代表身体健康！

❶排比

作者通过三个“忠于”表明了自己对党、对人民、对祖国的忠诚。

作者对于发言稿的结构非常熟悉，在发言稿的开头处，作者表明了自己的心理活动，引起听者的共鸣，随后讲述自己的亲身经历。

延伸思考

1. 雷锋的童年生活是怎样的？

2. 在这篇发言稿中，作者为什么会感到高兴？

3. 在这篇发言稿中，作者对于什么感到惭愧？

相关链接

当我们要在群体面前发言时，也可以采用这种发言结构。开始时展露真情实感，引起共鸣，中间围绕主题展开，语言要有逻辑性，随后展现细节，最后作总结。

在辽宁省暨沈阳市青年联欢会上的讲话

名师导读

这篇文章是雷锋作为青年代表在辽宁省暨沈阳市青年联欢会上的发言，他在发言中表达了自己要为党、为人民做更多更好的工作的决心。

（1962年2月）

同志们：

①我们出席沈阳部队首届共青团员代表会议的代表，今天晚上有机会和祖国的工业基地辽宁省和祖国最大的工业城市之一沈阳市的各界青年在一起联欢，（我）感到特别的高兴。我们一来到沈阳，就盼望有这么一天，现在这个愿望终于实现了。辽宁省和沈阳市的青年同志无论在农村、在工厂、在商店、在机关、在学校、在祖国社会主义建设的各个岗位上，在党的领导下，在各方面都做出了出色的成绩。你们一向是我学习的好榜样。过去，我们经常从广播里，从报纸上，从首长的讲话中，从地方的青年的来信中，从参加祖国社会主义建设的劳

❶叙述

此处表现出作者对有机会能与沈阳市的各界青年一起联欢感到高兴。

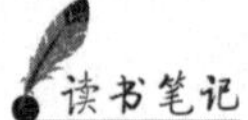

动中听到或看到你们在英勇地劳动，积极地工作，刻苦地学习，这对我们是个很大的鼓舞。今天，又有机会跟你们在一起联欢，直接跟你们见面，向你们学习，真感到非常荣幸。

同志们，我们在党的领导和同志们的帮助下，虽然做了一点工作，但是比起党的要求还做得很不够，比起你们还差得很远。今后，我们一定要更好地向你们学习，与你们加强联系并通过你们和所有的群众联系，老老实实，全心全意为党和人民做更多更好的工作。

在这篇发言稿中，作者在开头就说明了自己的来意，表明了自己的心情，引起听者的共鸣，随后表扬青年同志的成绩，在最后说了自己的不足，同时说出了自己的决心。

延伸思考

1. 雷锋为什么说青年同志是“学习的好榜样”？

2. 读完这篇发言稿，你获得了哪些启示？

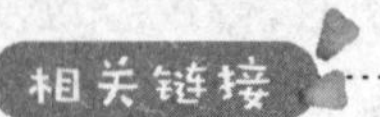

从这篇发言稿中，我们可以感受到雷锋一直跟着党走，把群众放在心中。

做个优秀的校外辅导员

名师导读

这篇发言稿源于雷锋被评为抚顺市的优秀大队辅导员之后所做的演讲，在这次演讲中，雷锋系统总结了自己的工作。

（1962 年 6 月 29 日）

5 月 28 日，我接到共青团抚顺市委的通知，叫我参加本市召开的表扬奖励少先队辅导员大会。通知上说，把我也评上了抚顺市的优秀大队辅导员。看完通知，我的心好久没有平静（下来）。

①回想近两年以来，我被聘请为本市建设街小学和本溪路小学的校外大队辅导员后，在党的培养教育和支持下，尽自己的力量，利用业余时间和节假日的休息时间，帮助少先队开展一些有益的活动，给少年朋友们讲毛主席小时候的故事、战斗英雄故事，讲新旧社会对比等，启发他们的上进心和阶级觉悟。比如，本溪路小学有个叫刘静的同学，她在福中生，也在福中长，可是不知旧社会的苦，所以也不懂今天的甜，

❶叙述 雷锋讲述了自己近两年担任校外辅导员后所做的工作。

因此，在当前国家处在困难时期，她的思想有些波动，学习不够安心，工作不主动，成绩也不好。[①]自从我和她谈了新旧社会回忆对比，加上老师的耐心教育和同学们的帮助，她有了转变，变成了一个好同学，加入了光荣的少先队，还担任了中队的文娱委员，学习成绩也取得了5分。

❶行为描写　从作者的描述，可见刘静同学的思想和学习发生了极大转变。

建设街小学有些小朋友爱花零钱。我给他们讲了解放军艰苦朴素、勤俭节约的故事后，对他们有很大启发。为了进一步使他们了解点滴节约、积少成多的意义，我把他们带到部队，搬出自己的节约箱给他们看。有个同学看到我捡的大半箱牙膏皮，便惊奇地说："哎呀！怎么捡这么多？"我对他说，这是我平时在水沟里、垃圾堆里一个个捡起来的。[②]站在旁边的一位同学说："真是滴水成河，积少成多呀！"当场有很多同学向我表示决心，一定做到勤俭节约，不乱花一分钱。过后，他们真的也做了节约箱，捡了不少碎铜烂铁、牙膏皮、螺丝钉等。他们的实际行动，使我感到十分高兴，同时也使我受到了很大的启发。我想：孩子们处处向我们学习，那我们更应该好好地听党的话，积极工作，努力学习，提高自己，处处以身作则，以我们的模范行为去影响和教育他们。从此，我便时刻严格要求自己，老老实实地工作，更刻苦地学习，丰富自己的知识。和小朋友接触时，带他们做一些有益的游戏，教他们唱歌、跳舞、赛跑、做操、讲故事等。因此，小

❷语言描写　作者的行动打动了同学们，很多同学自觉加入了勤俭节约的队伍，突出了雷锋的影响力。

朋友非常愿意和我在一起，真是无话不说，非常团结；过去爱打架、吵嘴的小同学也都变了样。以前有几个不守纪律的同学，听我讲了邱少云的故事后，也都变得很文明、有礼貌了。这样一来，我和孩子们交上（成）了知心朋友，建立了深厚的感情。①有时我要上哪儿去开会或学习，他们知道后，总是把我围成一团，手拉手地把我送到车站，分别时总是恋恋不舍，有的同学还掉眼泪哩。

①侧面描写 孩子们的不舍，体现了他们对雷锋的喜爱。

小朋友们对我这样好，使我更加热爱和关心他们，更感到自己责任的重大。我看到他们有什么困难，心里就过意不去。有个小朋友（张玄）丢了一支钢笔，没笔做作业，我立即把自己的钢笔送给她，并鼓励她好好学习。她有了钢笔真是高兴万分，学习更加努力。有一次，她把考试成绩单送给我看，看她得了5分，我内心格外快乐。

两年来，在党的领导下，在同志们和老师们的帮助下，我协助少先队做了一点点本身应做的工作，党和共青团却给了我很大的荣誉。这荣誉应归功于党，没有党我一事也做不成。我衷心感谢党和共青团对我的鼓励和关怀。我决心听党的话，努力学习毛主席著作，用毛泽东思想武装自己的头脑，在任何艰苦和困难的情况下，毫不动摇，坚定不移地为伟大的共产主义事业奋斗到底。我决心更好地和小朋友们打成一片，帮助他们开展一些有益的活动。教育他们不忘过去，发奋读书，好好学习，

读书笔记

天天向上。我要为培养共产主义的优秀接班人贡献自己的一点力量。

精华赏析

在这篇发言稿中，通过作者的讲述，我们可以看到作者是一个对工作非常认真的人，并且他喜欢和小朋友相处，也非常愿意帮助小朋友。

延伸思考

1. 毛泽东思想是什么？

2. 读了这篇发言稿，你觉得作者是个什么样的人？

3. 雷锋的节约箱是用来干什么的？

相关链接

通过这篇发言稿，我们能感觉到雷锋的内心。在发言稿中，雷锋强调了毛泽东思想对自己的指引，呼吁大家用毛泽东思想武装自己。

在望花区军烈属、复员退伍军人代表大会上的发言

名师导读

雷锋经常在各种代表大会上发言，这篇文章就是雷锋在望花区军烈属、复员退伍军人代表大会上的发言。让我们一起来阅读这篇发言稿吧！

（1962年8月1日）

亲爱的各位代表：

正当全市人民轰轰烈烈地开展拥军优属活动，庆祝伟大节日——中国人民解放军建军35周年的时候，抚顺市召开军烈属、复员退伍军人代表大会。①这次会议的任务是：认真贯彻省市优抚会议精神，总结交流经验，改进工作，更好地调动全市军烈属、复员退伍军人在政治上和生产上的积极性，继承发扬革命优良传统，认清形势，努力生产，克服暂时困难，为支援前线、支援部队和社会主义建设事业做出更大的贡献。

①叙述 作者对大会的任务作了简明扼要的介绍，突出了党和政府对军烈属、复员退伍军人的关心和重视。

这次会议的召开，又一次体现了党和政府对军烈

属、复员退伍军人的亲切关怀。我们受大家的委托，怀着极其高兴的心情出席了这次会议。在会议期间，我们听取了赵区长、王政委的报告和陈书记的指示，我们受到了莫大的启发和鼓舞，为此，我们提出如下倡议：

读书笔记

坚决在党的领导下，鼓足干劲，力争上游，充分发挥生产积极性和创造性，在社会主义各项事业中做出优异成绩，争取更大光荣，用支援前线、支援解放军的实际行动来回答党和政府对我们无微不至的关怀。

①为了实现上述目的，我们保证做到：

（一）永远听党的话，努力学习马克思列宁主义和毛主席著作，牢固地树立起全心全意为人民服务的思想，保持蓬勃的革命朝气，钻研业务，提高本领，服从领导，遵守纪律，用百折不挠的意志，克服前进道路上的一切困难。

②（二）要密切联系群众，虚心地向群众学习，和群众打成一片，戒骄戒躁，在人民面前不摆架子，遇事同群众商量，与群众同甘苦共患难，随时随地都要接受群众的批评和监督。

（三）发扬勤俭建国，勤俭建军，勤俭持家，勤俭办一切事业的精神，永远保持艰苦朴素作风，厉行节约，反对浪费，爱护公物，树立坚定的共产主义思想，克服非无产阶级的思想意识。

❶承上启下

此处从上文的倡议自然过渡，引出后文的保证，连接自然，结构合理。

❷叙述

作者时刻记着自己的职责是为人民服务，而不是享受。

精华赏析

在这篇发言稿中，雷锋用清晰的逻辑阐述了军烈属、复员退伍军人代表大会召开的初衷，表现中国共产党的伟大。

延伸思考

1. 望花区军烈属、复员退伍军人代表大会的召开有什么意义?

2. 从雷锋的发言中，你获得了什么启示?

相关链接

作者有感而发，说出了党和政府对人民群众的关心，并且倡导大家永远听党的话，努力学习，牢固树立为人民服务的思想。

书 信

致化工总厂党委的信

名师导读

雷锋曾在化工总厂工作，这封信是他写给化工总厂党委的。在这封信中，雷锋写出了自己的心里话，还写下了自己的保证和誓言。

（1958 年）

敬爱的党委和全体师傅以及青年朋友：

今天我以万分高兴的心情来参加这次大会……通过对中央文件的学习，我更认识到党的英明、伟大和正确。

敬爱的师傅们：自我去年 11 月间离开机关，踏入了伟大的工人阶级的队伍，我是感到非常荣幸的。由于工厂党委对我的亲切关怀和师傅的耐心指教，以及大家的帮助，我很快地学会了新的技术。①这是党的光荣，师傅们的光荣，也是我个人的荣幸。师傅们，我们一定要继续努力，克服困难，为完成党提出的炼钢任务而贡献出我们的一切力量。

❶叙述
作者表达了感激之情，同时作出要献出一切力量去完成炼钢任务的承诺，言辞恳切、坚定。

今天我又感到十分惭愧，我入厂到现在没有为党做出多大的成绩。通过今天的大会，我明确了只有依靠伟大的党和广大群众，克服一切困难，积极热情地工作，才会做出成绩。现在我只有以实际行动，以出色的成绩来感谢党和师傅们的亲切关怀和照顾。

读书笔记

在这里，我向党宣誓，向党保证：

一、我保证听党的话，服从组织调配。

二、向先进学习，破除迷信，发扬敢想敢干的共产主义的高尚风格，向科学堡垒进攻。

三、保证勤学苦练，虚心向师傅们请教，求得对机械的彻底了解和运用。

四、保证百分之百出勤。

五、保证按时参加各种会议和学习，在近两年内达到能文能武的多面手。

六、不违反劳动纪律，踏踏实实地工作。

此致

敬礼！

雷锋

精华赏析

在雷锋写给化工总厂党委的信中，他强调，自己的心情是既高兴又惭愧，同时还向师傅们问好，最后作出保证。

延伸思考

1.雷锋为什么感到惭愧？

2.读完这封信，你觉得雷锋是一个怎样的人呢？

3.我们应该学习雷锋的哪些精神？

相关链接

这封信是雷锋写给化工总厂党委的，信中的语言较书面化，从信中我们可以看到雷锋对于工作非常认真，一丝不苟。

致中共辽阳市委的信

名师导读

1960年，辽阳遭受了百年不遇的洪水灾害。在这场灾害中，辽阳人民的损失很大，雷锋为此想捐献100元钱支援灾区。

（1960年8月28日）

敬爱的辽阳市委：

我是7343部队15分队的一名新战士，我名叫雷锋，是今年1月从辽阳弓长岭矿入伍到部队的。部队党委和首长对我的不断教育和培养，使我的政治觉悟不断地提高，使我的思想和眼界变得更加的开朗和远大。

现在党中央向全国人民发出了增产节约的号召。目前，在我们的部队里，已掀起了一个轰轰烈烈的增产节约的高潮。①我是一个共青团员，我应该积极地响应党中央的这一号召，我看到最近以来，辽阳遭受了百年没有过的大洪水的侵袭，因此国家和人民的财产受到了很大的损失。现在国家和人民有困难，我是一名中国人民解放军战士，我一定要挺身而出，以实际行动来支援灾区人民。

❶阐明原因

此处讲述了写信的起因：辽阳遭受了百年不遇的大洪水，国家和人民的财产受到了很大的损失，辽阳需要帮助。

现在部队每月发给我们6元钱津贴，我每月除了理发花5角钱外，余下的钱我都存到储蓄所。入伍后我把在工厂时候攒的40多元，都带到部队存到了储蓄所。我在部队短短的7个月里，又节约了津贴费30多元，到现在为止，我已储存了100元钱。

❶叙述 节约的作者将积攒许久的钱一下子捐了出去，可见他关心别人胜过关心自己。

[①]今天我怀着万分高兴的心情，将我节约的100元钱寄给你们，支援灾区人民公社发展生产。

我的生命是党给我的，党是我慈祥的母亲。我一定要听党的话，永远忠于党，忠于人民，为祖国的壮丽事业贡献我的一切力量。

最后请市委对我多多培养，使我不断前进。

此致

敬礼！

中国人民解放军

沈阳部队工程兵战士　雷锋

1960年8月28日

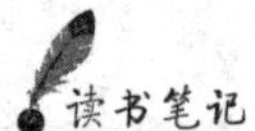

读书笔记

附录1：中共辽阳市委致部队首长的信

7343部队首长并转15分队雷锋同志：

8月28日，雷锋同志给我们来了信并随信寄来100元钱，表示他对灾区的关怀和支援。雷锋同志能在我们遭受特大水灾之时寄信和邮钱，从道义上和财力上支援我市灾区，这种崇高的阶级友爱精神，说明了一个问题：就是人民解放军作为人民的子弟兵和人民有着密不可分的血肉联系，说明了我们的人民解放军有着一贯的与人民同甘苦共患难的光荣传统。雷锋同志能够有着至高无上的共产主义品德，也是党和部队长期教导的结果。

辽阳市遭受百年不遇的特大洪水灾害，受到严重损失。但是，在党中央、毛主席和省委、鞍山市委的亲切关怀和正确指导下，在人民解放军和兄弟市县的大力援助下，抢救了被水围困的灾胞，减轻了洪水灾害的损失。同时中央和各兄弟市、县，又运来了大批救济物资，安排了灾区人民的生活。①目前，灾区人民在党的温暖和无微不至的关怀下，信心百倍，干劲十足，热烈响应党的号召，积极投入生产自救、重建家园运动。我们对雷锋同志寄来的款项不准备收留，并代表灾区人民向雷锋同志再一次地表示感谢。希望他能把钱继续存到银行里，支援国家建设。我们一定教育灾区人民，学习雷锋同志的阶级友爱和共产主义品格，鼓足更大的干劲，更加奋发图强，为彻底医治洪水创伤，重建辽阳幸福的新农村而努力。

此致

敬礼！

中共辽阳市委员会

1960年9月6日

（并附去汇款100元）

读书笔记

❶细节描写 此处是中共辽阳市委对灾区现状的描述，同时向雷锋表示感谢，且不收这份捐款。

附录 2：和平人民公社致部队首长的信

中国人民解放军 7343 部队各级首长同志：

在今年 5 月下旬的一天里，正当全市人民轰轰烈烈兴高采烈地迎接城市人民公社化的时候，人民的子弟兵和全市人民一样，欢欣鼓舞地迎接人民公社的建立。[①]你部 15 分队雷锋同志，怀着兴奋的心情，带着他不知积蓄了多久的 200 元人民币来到我社筹建办公室，为表示对党的人民公社化运动的拥护和对人民公社的无比热爱，要将自己积蓄的钱全部献给人民公社。他这种精神，使我们深为感动。为照顾到雷锋同志的日常生活用费和对家庭的照顾，我们没有接受这些钱，只是对这位优秀战士表示了我们的谢意。

①叙述

雷锋出于对人民公社化运动的支持，要将自己积蓄的钱全部献给人民公社。“全部”一词突出了他的无私和赤诚。

雷锋同志是我们人民解放军中的一员，他这种崇高的共产主义风格，是党长期教育的结果，是人民军队里战士中的榜样，我们深信：雷锋同志这样的战士是很多很多的。

雷锋同志发扬了我军拥政爱民、军民一家的光荣传统，对于他这种崇高的品质，我们只有对党所教育培养的军队表示感谢！

此致

敬礼！

中国共产党抚顺市和平人民公社委员会

1960 年 11 月 11 日

精华赏析

在这三封信中，我们能够看到雷锋热爱祖国，当国家和人民有困难的时候，他挺身而出，用实际行动来支援国家和人民。

延伸思考

1. 读完雷锋写的信，你觉得雷锋是一个怎样的人？

2. 如果你生活在那个时代，你觉得自己可以做哪些事情去帮助灾区呢？

相关链接

在这三封信中，第一封信是雷锋写给辽阳市委的，雷锋想将自己的100元钱捐献给灾区。第二封信是中共辽阳市委收到雷锋的信之后回的信，对雷锋进行了表扬与感谢。第三封信是和平人民公社给雷锋所在部队各级首长的信，信中对雷锋表示了感谢。

给战友的信

名师导读

这封信是雷锋写给战友的，雷锋对党的忠诚，对党的政策的执行是深入骨髓的。从他写给战友的信中，我们能够深刻认识到这一点。

（1961 年 1 月 18 日）

亲爱的战友们：

你们的来信我都已收到了，今天我怀着万分高兴的感激的心情，给你们写这封信。首先让我向你们致以衷心的感谢。

[1]你们的信我不止看过一遍呢！有的信我一连看了好几遍。比如我看了王平战友的来信后，心中有一种说不出的高兴。他愿意与我做一个永远知心的朋友，还向我提出了挑战，并保证学好军、政、文和毛主席著作……坚决完成党交给的 1961 年各项训练工作任务，做出优异的成绩，向党的四十周年献礼。像这样的信还有许多哩！我千言万语也表达不完。你们的每一句话，每一条竞赛条件都给我今后的工作和学习带来了莫大的鼓励和

❶叙述　从这些话语中，我们能感受到作者在收到战友来信时欢喜的心情，能感受到战友间深厚的情感。

力量。

我是一个孤儿，在旧社会受尽了折磨和痛苦。解放后，在党和毛主席的哺育下，一天天地成长起来。我深深懂得了社会主义的今天，是由无数的革命先烈和战友的艰苦奋斗、英勇牺牲得来的。①今天我连脚上穿着一双普通的鞋子也感到是一种莫大的幸福，现在我们还有皮鞋哩。比起我在旧社会光着脚到地里放猪、上山砍柴，真是好上天了。这样，不能不使我更加热爱党，热爱社会主义，热爱新社会。每当我看到我们祖国的变化，看到祖国的新成就，都使我从心眼里感到高兴，从而更加认识到党的英明、伟大和正确。

❶对比

作者将新旧社会自己的生活相对比，突出了现在的幸福和美好。

党发出增产节约、勤俭建国的号召后，我心想我一定要做出一点点成绩。②于是我处处坚持认真地从小处着手、从大处着想的行动原则，做到了在外出到团里开会，在路上看见了一堆漏掉的水泥，就掏出手帕包了起来，散会后，我把水泥带回装进了我做的节约箱子里。我做了这么一点小事，指导员表扬了我，这使我感到惭愧，倒不好意思了。指导员热情地把我拉到一边，并亲切地对我说："小雷呀！应该这么做。不过要想更好地为党工作，更快地进步，最重要的是要加强理论学习，提高政治觉悟。"

❷细节描写

面对一堆漏掉的水泥，作者将其放到了节约箱里，体现了他的勤俭节约。

入伍一年来，党和首长对我的培养教导，战友的热情帮助，使我提高了政治觉悟。因此学习和工作做出了一点点成绩。特别是 1960 年 11 月 8 日，是我永远不能忘记的日子，这天我光荣地加入了伟大的中国共产党！这一切都是党和首长对我亲切教导、同志们热情帮助的结果。我这么一点的成绩，比起党对我的要求，同志们的期望，还做得很不够。

①今后我要更好地学习毛主席著作，听党和毛主席的话，虚心向大家学习，特别是请大家今后多来信帮助我，我诚恳愿与你们做一个知心朋友。

①叙述　作者希望大家多给他提意见，共同学习、进步，体现了他的诚恳和谦虚。

让我们共同携起手来，发愤图强，艰苦奋斗，响应党的增产节约的号召，克服目前的困难，争取在 1961 年做出更大更好的成绩。让我们更高地举起毛泽东思想红旗，为保卫祖国，建设社会主义，实现共产主义社会而奋勇前进吧！

此致

敬礼！

敬祝你们身体健康，乘胜前进！

战友　雷锋

1961 年 1 月 18 日

精华赏析

雷锋和他的战友关系很密切，在信件当中，雷锋对战友所说的话都是他的心里话，他们互相激励对方，他们都是党领导的好战士。

延伸思考

1. 如果你是雷锋的战友，你会怎样给雷锋回信？

2. 通过阅读这封信，你觉得雷锋是一个什么样的人？

3. 雷锋写的这封信有什么特点？

相关链接

在这封信中，雷锋强调了自己在旧社会的生活状况，然后说明了自己现在的生活及内心的情感，从侧面描写出自己对党忠诚的原因。

给建设街小学全体少年朋友的信

名师导读

这封信是雷锋写给建设街小学全体少年朋友的，这封信让我们进一步了解了雷锋在日常生活中并不是一个严肃的人。

（1961 年 1 月）

亲爱的少先队员同学和全体少年朋友：

[①]我于本月初，离开了抚顺来到军区，因为时间紧迫没能来得及向小朋友告别，请小朋友多加原谅，我很想你们，但我的工作很忙又不能马上回去看你们，因我要先后到大连、营口、辽阳、哈尔滨等地去作报告，等我回来的时候要拿我的工作成绩见你们，你们也要拿优秀的学习成绩向党汇报，咱们要比一比看谁的成绩最好。小朋友们，你们要好好学习，天天向上，听党的话，做毛主席的好孩子。最后祝全体少先队员同学、全体小朋友学习进步！生活愉快！身体健康！

大朋友　雷锋

❶叙述

作者用温和的语气向小朋友们致歉，可见他并没有因为孩子们年龄小而轻视他们。同时他提出比成绩，旨在用这种方式激励孩子们好好学习。

精华赏析

在这封写给小朋友的信中，雷锋的语言非常简洁易懂，这和上一封写给战友的信中的语言风格不一样。

延伸思考

1. 如果你是收到信的小朋友，你会怎么回信呢？

2. 雷锋为什么离开抚顺？

3. 请简要描述一下这封信的内容。

相关链接

写信的对象不同，信的语言风格也是不同的。比如在上一封雷锋写给战友的信中，语言是很亲切的；在这封雷锋写给小朋友的信中，语言是简洁易懂的。

一封祝贺信

名师导读

雷锋一直是一个心怀国家的人，他的这种品质在这封信中就可以展现出来。在大年初一，同志们都去看剧，但是雷锋……

（1961 年 2 月 15 日）

今天是农历大年初一，全连的同志都高高兴兴地到和平俱乐部看剧去了，我呢？为了在春节期间给人民做一件好事，吃过早饭后，我背着粪筐，拿着铁锹到外地捡粪，大约捡了 300 来斤粪，我送给了抚顺望花区工农人民公社，并给公社党委和社员写了一封这样的祝贺信：

敬爱的工农人民公社党委和全体社员：

①你们好！在新春佳节里，我怀着万分高兴的心情给你们写这封信，首先向你们致以亲切的慰问！工作紧张吗？生产忙吧？生活愉快吗？一切都好吗？祝你们在春节里身体健康，节日愉快。

①叙述

作者表达了对工农人民公社人员的祝福。

我是人民的子弟兵，我一定要握紧枪杆，保卫我们的社会主义建设，保卫世界和平。我要永远忠于党，永远做好人民的勤务员，我愿为党和人民的事业，献出自己的一切，直至生命。

①为了贯彻和执行党中央八届九中全会的公报和决议“以粮为纲，国民经济以农业为基础的方针”，我一个共产党员，应该积极行动，为此我利用春节放假期间，捡了几百斤大粪送给你们公社，支援农业，我用这几百斤大粪作为春节献给你们的礼物，表表自己的心意。

敬爱的公社党委和全体社员：

让我们在党和毛主席的英明领导下，发愤图强，艰苦奋斗，鼓足冲天的革命干劲，克服目前暂时的困难，为争取今年农业大丰收而奋斗吧！

此致

革命敬礼！

祝你们：

春节愉快！

身体健康！

抚顺市望花区

7343 部队 15 分队战士　雷锋

1961 年 2 月 15 日

❶引用

作者引用了党中央八届九中全会的决议来突出粮食的重要性、农业的重要性，也说明了自己捡大粪的原因。

读书笔记

精华赏析

在这封信中，作者在开头就写了自己写信的目的，在中间写出了自己的心里话，表明了自己的志向，在结尾处与大家共勉。

延伸思考

1.如果你是工农人民公社党委和社员中的一员，你会怎样回信呢？

2.雷锋为什么要说“握紧枪杆”？

3.“以粮为纲，国民经济以农业为基础的方针”是什么？

相关链接

在这封信中，雷锋用最朴实的语言表明了自己对党、对国家的忠诚。

给曹进财等同学的信

名师导读

1961 年 6 月，雷锋收到了一封信。这封信意义特殊，是来自曹进财等九位同学的信。雷锋在收到信后也连忙回了以下这封信。让我们一起来读读吧！

（1961 年 6 月 15 日）

亲爱的曹进财等九名同学：

你们好！紧紧地握手吧！

来信我已于今天收到了。你们的信，我不止看过一遍呢，而是一字字、一句句读了无数遍……你们的每一句话，对我的工作、学习等各方面都有很大的鼓舞，对我的启发和帮助甚大。为此，我表示衷心的感谢。

今天，我怀着十分高兴的心情给你们写这封信，并向你们致以亲切的慰问和衷心的祝贺。①近来你们的学习紧张吗？工作忙否？身体都健康吧？生活过得咋样呢？一切都好吗？祝你们努力学习，好好劳动，锻炼身体，永远做毛主席的好学生。

亲爱的同学们，我是一个贫苦出身的穷孩子，从小

❶连续提问

从作者的连续提问中，我们可以感受到他在收到来信之后心情非常激动、兴奋，以及对九位同学的关心。

失去父母哥弟，受尽了旧社会的折磨和痛苦。解放后，我在党和毛主席的不断哺育和教导下，已经成长为一个国防军战士，光荣的共产党员。要是没有党，我很难想象到自己的一切。[1]我每一点微小的成绩和进步都是党不断培养教导，同志们帮助的结果。我所有的一切，都是属于党的。最后，我请你们多指导和帮助。我决心向你们学习，让我们携起手，共同进步。

❶叙述　作者在信的结尾处表明自身的成绩和进步都是源于党的培养，从侧面反映出他是一个非常谦虚的人。

祝你们学习猛进！

敬礼！

7343部队　雷锋

从这封信的字里行间，我们能够感受到作者收到来信后激动的心情，同时作者表露了自己的真情实感，表明了自己的决心。

延伸思考

1. 读完这封信，你觉得雷锋是一个什么样的人？
2. 雷锋为什么会在第三段中用很多的问句？

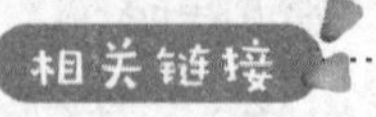

信在开头应该写昵称，然后第一段空两个字写问候句，中间段落，每段开头都空两个字写正文，在结尾处写祝福语，最后在右下角署名。

散　文

我学会开拖拉机了

名师导读

在前面我们看过一篇关于雷锋开拖拉机的日记，而这一篇散文是雷锋在学会开拖拉机时写下的，让我们看看当时雷锋怀着怎样的心情。

（1958 年 3 月 16 日）

❶环境描写 作者简述了团山湖周围的环境，简单介绍了国营农场的建立，为后文做了铺垫。

①团山与杲山之间有一个大湖——团山湖。它纵横六七里，湖草丛生。人们形容这里土地肥沃，说是有五尺深的肥料。湖的周围去年围起了一道新的大堤。那弯弯曲曲的大曲河，再不能穿过湖中间了，只能顺着新堤往下游流。一个新的国营农场在荒洲上建起来了。还有“铁牛”在荒地上奔驰着。这里有 300 多勤劳勇敢的农场工人在歌唱今天的幸福，歌唱劳动的愉快，歌唱美好的将来。

3 月 10 日，是我永远不能忘记的日子。这天，我第一次学会了开拖拉机，心情是何等激动啊！

我 7 岁时父母双亡，变成了一个可怜的孤儿。那时，在国民党反动派的统治下，我只得给地主放牛，吃不饱，穿不暖，经常挨打挨骂，过着牛马一样的生活。

自从来了人民的救星——共产党，党把我从火坑中拯救出来，送我上学，给我吃的穿的，把我培养成为一个有一定知识、觉悟的青年；使我于1956年投入革命的怀抱（在县委会当公务员），并在1957年2月加入了光荣的组织——青年团。

[①]今年1月底，团县委号召建立望城第一青少年拖拉机站，接着又看见农学院的拖拉机来支援团山湖犁田，我多么想当一名拖拉机手！我就把节约下来准备做被子的20元钱，全部捐献了，只想拖拉机站马上建成就好。

❶叙述

从这一段可以看出作者十分期待能够成为一名拖拉机手。

这次，党批准我到农场来，我真是高兴极了。2月26日，我光荣地走上了劳动战线——到了团山湖农场，学习驾驶拖拉机。

当我第一次爬上拖拉机驾驶台学习的时候，我真高兴得要跳起来。我坐在驾驶员的身边，专心地看他怎样操作，怎样转弯，怎样发动汽油机……老陈一面驾驶，还一面告诉我操作方法和各部分名称，我一点一滴都记在脑子里，并写在日记上。这几天，我总是睡不着觉，起来又去学习，只想早一日学会，早日为祖国出一点力量。

学习了一个星期，懂得了一些操作方法和基本知识，老陈就让我试验驾驶。[②]他真的让出座位，站在一旁指点我。我一坐上驾驶台，心跳得很，生怕开不动，别人

❷心理描写

作者描述了他第一次坐上驾驶台时的心理。

会讥笑；又怕没有力，转不动方向盘；还怕刹不住车，就更糟。我的心情既紧张，又快活，手脚都不由自主地颤抖起来。老陈对我说："不要怕，要放勇敢些！"这时，我才把油门加大，把离合器向上一推，拖拉机嘎嘎地开动了。可是，拖拉机总不听我的指挥，走弯路。开了一会儿，我不怕了，心也跳得不那么厉害了，手脚也慢慢地不发抖了。这时，拖拉机也听我使唤了。在这个时候，我的心情又是多么喜悦呀！我回头望望，看到那可爱的肥沃土地，很快地被犁翻了，仿佛看见了一大片绿油油的可爱的庄稼。

❶心理、动作描写

作者下班后仍忍不住想起开拖拉机时的情景，吃饭时的动作与感受表现出他的兴奋和激动。

今天，真有很大的收获，过得真有意义。①下班以后，我脑子里一个转又一个转地想着。吃饭的时候，还好像坐在拖拉机上似的，不停地摇晃着；拿起筷子，像握住拖拉机的操纵杆一样，随手拽动；两只脚像踏在"刹车"和"油门"上，自然地踏动着。我在想，今天这样幸福，不是党的培养，又是哪里来的呢？

我一定要以实际行动，来报答党对我的亲切关怀和照顾。一定努力钻研，勤学苦练，克服一切困难，忘我地工作，争取做望城县的第一个优秀的拖拉机手。

精华赏析

在这篇散文中，作者描述了自己开拖拉机的历程和心理活动，作者在开头描写了当时团山湖的情形，从侧面表现祖国正在逐步发展繁荣。

延伸思考

1. 作者在学会开拖拉机之后的心情是怎样的？

2. 在作者的描述中，拖拉机是怎样开的呢？

3. 最后一段话在全文中起了什么作用？

相关链接

散文是一种记叙类文学体裁，可以抒发作者的真情实感，并且写作方式灵活，能够传达作者的想法。

诗歌札记

名师导读

诗歌有很多类型。通过阅读这篇文章，我们能够了解到诗歌的类型，并且可以分清叙事诗和抒情诗。

（1958 年）

一、诗歌包括：骚、铭、赋、民歌、古诗、绝诗、律诗、词、散曲。

二、民歌特点：语言精练，含义深远，内容丰富，押韵，易于上口，易于流传。

[①]三、形式分为两种：

1. 叙事诗；

2. 抒情诗。

这两种诗的区别：

（1）叙事诗是描写人物的动态现象；

（2）抒情诗是抒发作者的情感。

❶叙述　此处作者对诗歌的形式进行了分类，同时简要地介绍了两种诗歌的区别。

四、民歌文艺手法：

1. 对照：

如：牛出力来牛吃草，

东家吃米我吃糠。

2. 比喻：

要说天，天最大，

我们的干劲比天大！

3. 夸张：

孟姜女哭倒万里长城。

——于团山湖农场

读书笔记

精华赏析

在文章开头，作者写了诗歌的类型、民歌的特点以及诗歌的形式，后面着重写了两种诗的区别和民歌的文艺手法，逻辑清晰，整篇文章结构形式完整。

延伸思考

1. 诗歌有哪些类型？

2. 诗歌的形式有什么？

3. 民歌有哪些文艺手法？

相关链接

在这篇文章中，作者分清了诗歌的类型、形式及两种不同形式的区别，并且对民歌文艺手法作了详细说明，这对于语文的学习非常重要，可以熟记下来。

敢想敢做的人

名师导读

20世纪60年代，国家正值发展时期，这个年代的发明家是怎样的呢？雷锋又会怎样描写发明家呢？让我们一起阅读这篇文章，认识一下文中的这位发明家吧！

（1960年1月）

生龙活虎女英雄　李小平就是她的名
人小聪明有天才　创造发明幸福来
自动水车转轮轮　三用机子也制成
五星公社人人夸　称她是一个女仙家

在五星人民公社胜利村，流传着这样的一首歌谣，赞扬青年发明家的模范事迹。她今年8月间才满18岁。①小姑娘长得很结实，圆圆的脸儿，端正的鼻子，有一对并不大却非常明亮的眼睛，眼珠子转来转去，总像在

❶肖像描写

作者将人物描写得惟妙惟肖，让读者感受到这是一个透着聪明劲儿的女孩子。

搜索什么东西似的，说起话来眉飞色舞。她的头发剪得短短的，用橡皮筋扎成两小段。当她说话摆动着头部，那两小段头发就像下乡货郎担手里摇摆着的手鼓向两边摆动起来。

❶语言描写

通过这段文字，我们能看到一位青年发明家本着为村里分忧的心态而发明了自动水车和三用机。

当我问到她的创造发明的情形时，她说：[①]“由于党的英明领导，村里人人干劲冲天，生产一日千里。我看到生产工具还落后，尤其是今年6月间，天久晴不雨，抗旱十分紧张，村里的人真是累得要命，我早就想创造一部自动水车和三用机……”

——写在日记本上

精华赏析

在这篇文章中，雷锋首先写了一首民谣，由此引出了青年发明家李小平的事情，然后通过肖像描写，写出了发明家的形象，最后通过语言描写，写出了发明家的想法。

延伸思考

1. 李小平发明了什么？

2. 李小平为什么发明这些东西？

3. 你觉得李小平是一个怎样的人？

相关链接

这篇文章的亮点就是标题，这个标题点出作者写这篇文章的目的——要做敢想敢做的人。

决不能好了疮疤忘了疼

名师导读

由文章的标题我们能够猜测这篇文章应该是关于反思的，那么，作者在反思什么事情呢？让我们一起阅读一下吧！

（1960 年 11 月 15 日）

在今晚演出的评剧《血泪仇》里看到了像王东才、小贵芳他们遭到阶级敌人的迫害，甚至被强奸逼死的惨景，不禁引起我无限辛酸的回忆。[①]我出生在一个很贫穷的农民家庭，我父亲专靠给地主、资本家做工维持一家半饱的生活，终年辛勤的劳动，到了新年初一，全家五口人有米不到半升，哥哥只好领着我出去“送财神”，讨点饭回来吃。

❶叙述 简洁的叙述，突出了旧社会底层人民生活的艰辛。

抗日战争时期，我父亲参加了革命，被那毒辣残忍的小日本鬼子打成重伤，不久死去。全家无法生活，我哥哥只好到一个小小的机械厂当徒工，我妈抱着我那 3 岁的小弟弟，带着我上街讨吃。1946 年春天我哥哥在工厂左手指被机器轧断，脑袋被撞破，鲜血染红了里外的衣裳，厂主哪管这些，把我哥开除。家里无钱治，我哥不久就死去了。我那幼小的弟弟受不住那种生活的折磨，同年冬天被活活地饿死在街头。一家姓唐的地主逼迫我妈到他家做女工，无耻的唐地主把我妈强奸后，把我妈赶出，我可怜的妈啊，被迫自杀！

剩下孤孤单单7岁的我，只好给地主家看猪，晚上和猪做伴，一到冬天我冻得受不住，只好贴着肥猪的大肚子睡觉。我那时挨打挨骂是家常便饭，过着非人的生活。在那种吃人的旧社会里，不是有千千万万家庭遭到妻离子散的悲惨命运吗？那时我虽年纪小，对那些要命的野兽般的帝国主义和黑暗的社会是多么入骨地仇恨！那时我真想要是有亲人来搭救我！我一定要拿起枪，粉碎那些狗豺狼，为爹妈报仇。

读书笔记

自从来了人民的大救星——伟大的中国共产党，党把我从火坑中拯救出来，给我吃的、穿的，还送我念书，我戴上了红领巾，加入了光荣的共青团，参加了祖国的工业建设，又走上了保卫祖国的战斗岗位。在党的不断教育和培养下，我从一个放猪出身的穷孩子成长为一个有一定阶级觉悟的共产党员。[①]今天在社会主义社会里，在革命的大家庭里，我们生活在伟大的毛泽东时代是多么幸福啊！对我来说，特别深切感受到的：我们决不能好了疮疤忘了疼，应该“饮水思源”，想想过去，看看现在，我们都不能不以革命的名义来对待革命事业，更高地举起毛泽东思想红旗，发扬革

①直抒胸臆

作者感受到生活是幸福、美好的，希望能够保护好如今的生活。

读书笔记

命先烈们艰苦奋斗的精神和优良的传统，全心全意地投入社会主义建设事业中去，做出更多更好的成绩来，才不辜负先烈们的期望，才不辜负党和伟大的领袖毛主席对我们的关怀和鼓舞！

——写在日记本上

精华赏析

在这篇文章中，标题就已经点出了整篇文章的主题，通过看剧引出作者对过去艰辛生活的回忆，然后想到自己现在的处境，在最后一段升华主题。

延伸思考

读完这篇文章，你有什么想法呢？

相关链接

一篇文章的标题拟得好，就会成为这篇文章的亮点，如这篇文章的标题《决不能好了疮疤忘了疼》。我们在写文章的时候也应该拟个好标题。

苦甜观

名师导读

作者在这篇文章中讲述了不同阶级的“苦甜观”，告诉人们一个阶级剥削另一个阶级靠的是什么，并劝诫人们站在无产阶级的角度，坚持毛泽东思想。

（1961 年 1 月 24 日）

我们连正在大张旗鼓地开展“两忆三查”运动，我一定要站稳立场，用无产阶级观点来观察和分析问题。①毛主席教导我们：“在阶级社会中，每一个人都在一定的阶级地位中生活，各种思想无不打上阶级的烙印。”我们常说：什么藤结什么瓜，什么阶级说什么话。站在不同的阶级立场上，用不同的阶级观点看问题，对于忆苦中遇到的问题也会有不同的看法。只有站在无产阶级立场上，用无产阶级观点看问题，才能得出唯一正确的结论。

❶引用

作者通过引用毛泽东的讲话，表明自己的观点：思想是和阶级相关的，不同阶级看待问题的角度是不一样的。

比如说“苦”，如果站在地主阶级和资产阶级的立场上来看，由于他们在旧社会是统治阶级，他们把自己的幸福建筑在千千万万劳动人民的痛苦上，把千千万万劳动人民推到饥寒交迫和被凌辱被奴役的地位，来造成少数人的特殊权力和特殊享受，所以是不存在什么苦的。劳动人民的苦正是他们的乐。

❶叙述 作者概括了小资产阶级和小私有者的特点，进一步讲述了站在无产阶级立场上看问题的重要性和优越性。

①站在小资产阶级和小私有者的立场上也不能深刻地认识到旧社会的苦和苦根，甚至也会看不到被剥削被压迫阶级的苦。因为这种人眼光短浅，私心很重，只图个人温饱，不关心广大劳动人民的命运，甚至自己也很想爬到资产阶级地位。只有站在无产阶级的立场上才能深刻地看到穷人在旧社会的苦。

再比如说“甜”，站在地主阶级和资产阶级的立场上，对新社会痛恨入骨，当然就感觉不到它的“甜”。站在小资产阶级、小私有者的立场上，也往往只看到个人的利益，眼前的利益，看不到全体劳动人民的利益和长远的利益，所以不能真正地认识到新社会的甜和甜源。只有站在无产阶级的立场上，才能深刻地看到新社会的甜和甜源。

❷夹叙夹议 这段文字生动形象地写出了地主阶级剥削的本质。

②看问题不仅要看现象，还要从现象中抓住本质。有人说南方的地主剥削农民轻些，农民受的苦稍浅些，北方的地主狠些，剥削农民重些，农民受的苦深一些，这都是不正确的。张三地主是活阎王，李四地主是笑面虎，这绝不能说张三地主不好，李四地主好些。天下的乌鸦一般黑。地主和农民的关系，是剥削阶级和被剥削

阶级的关系。

一个阶级剥削另一个阶级，他们依靠什么呢？我们要看到生产资料所有制是决定性的问题。地主所以能剥削农民，资本家所以能剥削工人，就是因为生产资料掌握在他们的手里，绝不是工人农民的命不好。田在地主手里，他们掌握了活路，他叫你活，你就活；他叫你死，你就得死。新社会劳动人民所以有了甜，就是因为从根本上改变了生产资料所有制的关系，消灭了私有制，建立了社会主义公有制，我们自己掌握了活路。

读书笔记

①为什么人数极少的剥削阶级能够占有大量的生产资料，剥削占绝大多数的劳动人民，骑在人民头上作威作福呢？我们还要懂得政权是革命的根本问题，经济制度是靠政权来维护的。剥削阶级总是和反动政府勾结在一起，他们依靠反动政府来维护他们的剥削制度。另外，一个国家的剥削阶级和他们建立的反动政权，在国际上还有帝国主义做靠山，他们紧紧结合在一起，剥削和压迫人民。在旧社会，军队、警察、法庭、监狱都是剥削阶级用来压迫和剥削人民的工具，人民有苦也只能往肚里咽。

❶设问

通过自问自答的形式，写出了剥削阶级能够占有大量的生产资料作威作福的原因。

只有当我们推翻了反动的统治阶级，人民才能当家做主。人民掌握了“刀把子”，才能改变这种人剥削人的经济制度，挖掉苦根子，栽下甜根子。

读书笔记

用阶级观点看清了苦和甜，又用阶级观点看清了苦根和甜源，紧接着提出来的是怎么办的问题。

用无产阶级观点简单地回答这个问题，就是要革命，要搞阶级斗争，推翻反动阶级的统治，消灭生产资料的私有制，将革命进行到底。

革命是严肃的斗争，我们必须树立艰苦奋斗的思想。我们革命的前辈在党和毛主席的领导下，历经千辛万苦，经过几十年的艰苦奋斗，才夺取了政权，建立了社会主义社会，把我们的苦变成了甜。我们决不能好了疮疤忘了疼，我们必须坚决听党的话，做毛主席的好战士，高高地举起毛泽东思想红旗，发愤图强，艰苦奋斗，坚决将革命进行到底。

——写在日记本上

读书笔记

整篇文章采取了“总—分—总”的结构，开头就提出要用无产阶级观点看问题的观点，而后分析不同阶级对“苦”和“甜”的看法，最后一段升华主题。

延伸思考

1.文章中的“苦”指什么？

2.文章中的“甜”指什么？

3.请用简短的语句分析全文。

相关链接

在一篇文章中，“总—分—总”这种结构比较具有说服力。当我们在写议论文的时候，可以采用这篇文章的结构，使文章更具逻辑性。

做一个有益于人民的人

名师导读

在雷锋眼中，一个人是否有意义，就要看他是不是一个对人民有益的人。通过阅读这篇文章，我们能够认识到在作者眼中有益于人民的人是怎样的。

（1961 年）

我是一个在旧社会受尽阶级压迫和民族压迫的孤儿。解放后，在党和毛主席的哺育下，成长为一个国防军战士、光荣的共产党员。这是我很难想象的。要是没有党，怎能有我的今天呢？

我从 1958 年起，一直坚持学习毛主席著作，这与党对我的培养和我对党对毛主席的热爱是分不开的。①几年来，虽然环境一变再变，工作担子愈来愈重，可是我从来没间断过政治理论学习，哪怕干了一天活很疲倦了。晚上我宁愿少睡点觉，也要坚持学习毛主席著作，实在疲倦了，就走出去打一盆冷水洗洗头，脑子清醒了，坐下来又看……

❶细节描写　通过这段文字，我们可感受到作者具有"钉子"精神。

三年多来，我利用星期日、节假日以及出车前、饭前饭后和业余休息等一切可以利用的时间，读完了《毛泽东选集》一、二、三、四卷，其中有些文章我读了很多遍。另外，还读了《论共产党员的修养》等60多本政治理论书籍。

通过学习毛主席的著作，我的政治觉悟、思想水平得到了很大的提高。①我懂得了毛主席说的一个人的能力有大小，但只要有这点精神——为共产主义奋斗到底的精神，就是一个高尚的人，一个纯粹的人，一个有道德的人，一个脱离了低级趣味的人，一个有益于人民的人。毛主席教导我们要学习白求恩毫不利己的共产主义精神，使我认识到：作为一个人民战士，首先必须改造自己的世界观，具有高尚的共产主义精神，坚定的无产阶级立场，鲜明的人道主义观点，全心全意为广大劳动人民服务。从此我就决心向白求恩同志学习，做个有益于人民的人。

❶排比

通过排比，作者写出了自己理想中的人的形象。

②我从小就生长在毛主席的故乡，经常听到老人讲毛主席在小时候就很关心穷人、为人民做好事的故事。又通过几年来的学习毛主席著作，更加深了对毛主席的热爱。我深刻地认识到：毛主席的伟大实践过程，也就是全心全意为人民服务的过程。这给我的启发很大，教育很深。因此，我给自己规定：凡是对人民有利的事，就坚决拥护，积极去做，宁肯牺牲个人的一切。凡是对人民不利的事，坚决不做，并进行斗争。用它当作一个标尺，经常来衡量自己，检查自己，鞭策自己，这样也就促使我时时刻刻想为人民做点好事。有时我走路也想，

❷烘托

此处写常听到老人讲毛主席小时候关心穷人，为人民做好事的事，从侧面表现了毛泽东同志一心为民、关心穷人的特点。

吃饭也想，睡觉还想，看到一个问题或一件新事也想。不让一切不利于革命事业的个人利益、个人虚荣等等肮脏的、低级趣味的东西来玷污自己。

几年来，我在工作上和日常生活中按照党和毛主席的教导，不管什么工作，只要革命需要，对人民有利的就要做好。1958 年，我在鞍钢当工人，利用新年放假期间到农村帮社员劳动，发现一家困难户。①我立刻想起毛主席说的：“我们的同志不论到什么地方，都要和群众的关系搞好，要关心群众，帮助他们解决困难。”我立刻掏出了 5 元钱，还脱下了自己的一套衣服送给了那家贫困户。

❶引用：此处引用毛泽东同志的话，突出了毛泽东同志对雷锋思想的影响。

1959 年，我在辽阳工作时，有一天晚上，突然下着大雨，工厂运到的 7200 多袋水泥找不到东西盖，我立即从床上抱着自己的被子、褥子跑到工地盖上了水泥。我的被子褥子虽然湿透了，但是国家的财产免遭重大损失，这就是我最大的幸福。

去年入伍后，我看到抚顺望花区新成立一个人民公社。我真从心眼里感到高兴，心想：毛主席领导全国人民搭了银桥又搭金桥。我是人民的战士，应该做点什么呢？（我）想起了自己几年来积存下来的 200 元钱，送给公社以表自己的心意。可是公社不肯收，经过我再三恳求，才留下了一半。②不久，辽阳地区遭受了水灾，我在报上看到毛主席派来飞机给灾区人民运送粮食和衣物的消息，心里就想：毛主席给灾区人民送粮又送衣，

❷设问：作者采用设问的修辞手法，更加烘托出他的奉献精神，从中可以看出作者是一个忧国忧民的人。

我能给灾区人民干点什么呢？想到自己还有 100 元钱，就寄给了辽阳市委。

为了响应党中央“以粮为纲，人办农业”的伟大号召，我利用今年春节的五天放假期间捡了 300 斤粪肥，送给了人民公社。[1]我虽然少看两场电影，少玩一会儿，也感到高兴。特别是当我看到社员们都穿着新衣服，敲锣打鼓扭秧歌，家家户户放鞭炮时，我也同样感到快乐。

❶心理描写

比起娱乐享受，帮助别人更能让作者觉得快乐。

我看到公社里的一个医院，就想起了毛主席的“处处关心群众”的教导，我把过春节领到的一斤苹果送给了医院，慰问了有病的群众。有个老太太拿着我给的苹果，泪汪汪地说：“谢谢你，我不会忘记你呀。”我激动地说：“您老人家不要感谢我，这是党和毛主席叫我这样做的，您老要感谢就感谢党吧！”

几年来，每当我为人民做了一点好事的时候，也就是我最幸福最快乐的时候；反之，做不到这点，我觉得心中有愧，对不起党和毛主席。我时时刻刻都这样想：党给我的恩情太深了，我为党做的工作太少了。我每一点微小的进步，都是党培养教育的成果。我还年幼无知，我诚恳地请首长和战友们多指教多帮助我，使我在革命的大家庭里不断成长，不断进步。我有决心向大家学习，坚决听党和毛主席的话，学习毛主席的著作，照毛主席的指示办事，永远忠于党忠于人民，做一个有益于人民的人。

读书笔记

7343 部队 15 分队战士　雷锋

精华赏析

作者在这篇文章的开头讲明了自己的心声，说明了自己的思想，而后写了学习毛泽东著作的重要性，还讲了自己的经历，最后表明了自己的决心。

延伸思考

1. 这篇文章的标题有什么深意？

2. 学习毛泽东著作有什么益处？

3. 最后一段，作者为什么会感觉到心中有愧？

相关链接

雷锋内心所想都在这篇文章里面展现得淋漓尽致，雷锋的志向就是要做一个有益于人民的人，并且他认为学习毛泽东同志的著作非常重要。

诗　歌

南来的燕子啊

名师导读

当雷锋抬头看天空的时候，突然发现燕子从南方飞来了，团山湖已经改变了模样。在雷锋眼中，燕子可能会想什么呢？

（1958 年 8 月 1 日）

南来的燕子啊！
新来的候鸟，
从北方飞到了南方。
轻盈地掠过团山湖的上空，
闪着惊异的眼光。
[1]我听清了呢喃的燕语，
像在问："为什么荒芜的团山湖，
今年改变了模样？"

❶拟人　雷锋将燕子拟人化，通过燕子的嘴问团山湖发生巨大变化的原因，从而引出下文。

南来的燕子啊！
我告诉你吧，
团山湖这片未开垦的处女地，
是由于党的巨大的力量，

才围垦成一个新的农场。
是他们——农场的工人们，
用勤劳的双手，
给团山湖换上了新装。

南来的燕子啊！
也许母燕曾向你说过旧时的形象。
①往日的团山湖——
湖草丛生，满目荒凉，
洪水一到，一片汪洋。
十年前有人三次收款，三饱私囊，
围垦团山湖只是一个梦想。
如今的团山湖啊——
良田万顷，满垄金黄，
微风吹过一片稻香。
新修的长堤像铁壁铜墙，
洪水已再不能称凶逞狂。
红旗插在社会主义的农场，
到处是谷满仓、鱼满舱，
祖国又添了一个“鱼米之乡”。

南来的燕子啊！
你可不用惊呆。
②不是晴天里响起了春雷，

❶对比

在这段文字中，作者以鲜明的对比，表现出团山湖在解放后，也就是在共产党的领导下变得更加繁荣。

❷夸张

作者写出了如今团山湖的巨大变化，展现出了生机勃勃的景象。

读书笔记

而是拖拉机在隆隆地开；
不是沟渠里的水能倒流，
而是抽水机在把积水排。
为什么草坪上格外喧腾？
那是饲养员在牧马放牛！

南来的燕子啊！
你是这样轻快地飞翔，
许是欣赏这美丽的景象：
①蜿蜒的八曲河像一条白银管，
灌溉这片肥沃的土地，
团山湖与乌山对峙，
是天生成的一幅屏障。
这景象是诗情也是画意，
活跃在这诗画般怀抱里的工人，
更是些生龙活虎般的健将。
有的是双手拿惯了锄头，
有的是才放下笔杆才放下枪。
他们豪迈地这样说：
这是一所新的国营农场，
也是一所露天工厂，
还是一个培养红透专深人才的学堂。
……

①比喻 作者生动形象地写出了团山湖美丽动人的景象，将八曲河比作白银管，显得更加诗情画意。

读书笔记

南来的燕子啊！

①你不用再寻旧时代的屋梁，

无论你飞到哪里，

再也找不着你从前住过的地方。

去年这里是荒凉的地方，

今年变成了高大的厂房，

欢迎你到新的农场宿舍来拜访。

但得请你告诉我，

你可知道你所飞过的地方，

……

新建了多少这样的农场？

——于团山湖农场

❶叙述、对比

作者表达了对燕子的欢迎，同时也展现了现在和过去相比发生的巨大变化。

可爱的工厂

（1959 年）

②汽笛，对着初升的朝阳，

情不自禁地高声歌唱，

迎接英姿焕发的工人走进工厂。

啊，钢铁的心脏——鞍钢，

为了祖国的工业化，

你永远不知疲倦地繁忙。

你那高大的厂房，

❷拟人

作者用拟人手法写出了对工厂的喜爱和赞赏之情。

建筑在数十里的土地上。
① 红彤彤的铁流，
像滚滚的长江水一样，
昼夜不停地奔忙。
如果谁要是在远处瞭望，
就能看到鞍钢全部的景象：
从森林般的大烟囱里，
吐出一股股黑黑的浓烟；
夜晚像无数条火龙在闪闪发亮，
把浓烟映得像五彩缤纷的彩云一样。
在这浓烟下面，
就是我们工作的厂房。
呀！真仿如神话般的天堂，
这里的工厂主人，
都在夜以继日地繁忙，
热情地歌唱。
歌唱我们的新生力量，
歌唱我们的厂房——鞍钢焦化厂。

——于鞍钢

❶比喻 一个比喻展示了大炼钢铁的场景。

读书笔记

翻车机

（1959 年）

① 我第一次走近翻车机的身旁，
仿如空中霹雷响，
吓得我倒退两步心惊慌，
啊，原来是翻车机把一列煤车来个底朝上！
只听那半空中唰唰响，
满满的一列车煤呀！
翻倒得又净又光。
② 马达在轰鸣，
翻车机好像个大蛟龙，
上下不停地翻腾搅动。
你的力量无尽无穷，
你的任务是多么重大而光荣。
你有时有点小毛病，
我们工人的心啊，
比失掉自己的双手、眼睛还痛。
③ 翻车机呀翻车机！
我在你身旁工作是多么的骄傲。
愿意在你身旁尽忠效力，
伸出你的友谊的手吧——翻车机，

❶夸张

作者通过自己的反应从侧面表现了翻车机运行时的震撼景象。

❷比喻

此处将翻车机比作大蛟龙，突出了翻车机翻动时的力量之大，带给人的视觉感受之震撼，抒发了赞叹之情。

❸抒情

作者表达了自己要努力为实现共产主义而奋斗的心愿。

你我共同走向共产主义！

——于鞍钢

诉苦会

（1959 年）

想起来，

好心酸。

忆往昔，

苦难言。

[1] 过去受熬煎，

挨饿没衣穿。

一天累到晚，

经常受皮鞭。

有病无钱治，

死了扔山边。

破屋露着天，

星月照房间。

外头下大雨，

屋里小雨天。

头顶破脸盆，

麻袋披在肩。

过去苦难重，

❶叙述

此段体现了旧社会百姓的辛酸，和题目的“诉苦”相照应。

读书笔记

老小不团圆。
成天吃野菜，
冬天身无棉。
粮米高价无钱买，
孩子老婆泪涟涟。
地主来逼账，
拿着东西去典当。
衣物变卖光，
到处去流浪。
为了吃口饭，
讨要大街上。
①自从来了共产党，
咱们穷人见晴天。
从今不再受压迫，
当家做主掌好权。
艰苦奋斗永向前，
人民的江山万万年。

——于鞍钢

读书笔记

❶对比

作者以新旧社会鲜明的对比，表明有了共产党，穷人翻身做主人，再也不受压迫了。

穿上军装的时候

（1960年1月）

②小青年实现了美丽的理想，

❷叙述

作者讲述了自己第一次穿上军装时欢快、喜悦、激动的心情，“急着”一词突出了作者心中的急切、期待。

第一次穿上庄严的军装，
急着对照镜子，
心窝里飞出了金凤凰。
党分配他驾驶汽车，
每日就聚精会神坚守在机旁，
将机器擦得像闪光的明镜，
爱护它像爱护自己的眼睛一样。

——写在日记本上

唱支山歌给党听

（1960 年）

❶比喻　作者将中国共产党比作母亲，表现出了党在他心中的重要地位，写出了党对他的巨大帮助。

① “唱支山歌给党听，
我把党来比母亲；
母亲只生了我的身，
党的光辉照我心。
旧社会鞭子抽我身，
母亲只会泪淋淋；
共产党号召我闹革命，
夺过鞭子揍敌人。”

永远学习黄继光

（1960 年）

我永远向您学习，
英雄的战士黄继光！
我是党的儿子，
人民的勤务员，
为了全人类的自由、幸福、解放，
哪怕高山、大海、巨川！
为了党和人民的事业，
就是入火海，进刀山，
① 我甘心情愿！
断头骨粉，
身红心赤，
永远不变！

——雷锋（盖章）

读书笔记

❶抒情
诗歌最后，作者抒发了自己的情感，表达了为了人民和党，自己愿意牺牲一切，哪怕粉身碎骨也在所不惜的决心。

练　兵

（1960 年）

② 天上星斗亮晶晶，

❷细节描写
诗句对仗工整地描绘出部队练兵时的情景，从侧面烘托出军人的伟大。

营部响起军号声。
各连集合站好队，
精神抖擞去练兵。
月儿当头亮光光，
战士握枪上靶场。
哪怕冰霜寒刺骨，
坚决要打靶中央。

读书笔记

——写于新兵训练时

新旧社会对比

（1960 年）
想起来，好心酸，
想起过去想今天。
①旧社会里当牛马，
吃糠咽菜苦难言。
夏天无衣光着膀，
冬天麻袋遮风寒。
层层剥削受压迫，
死在洋沟无人管。
自从来了共产党，
当家做主把身翻。
参加企业来管理，

❶叙述

作者生动具体地写出了旧社会的黑暗，突出了底层百姓生活的悲惨。

咱们工人掌政权。
过去黑暗全扫净，
如今生活乐无边。
丰衣足食多幸福，
党的恩情比蜜甜。
[①]旧社会工人苦中苦，
新社会工人福中福。
新旧社会来对比，
我们饮水要思源。
生活好来别忘本，
勤俭持家不浪费。
余钱送到储蓄所，
利国富民真是强。
节约储蓄好处大，
建设咱们新国家。

——写在日记本上

❶对比

在这段文字中，作者将新旧社会工人的生活进行对比，说明共产党领导下的百姓生活越来越好，并且警示大家要跟着党走。

跟着党走

（1961 年 4 月）

[②] 随着太阳不会挨冻，
跟着党走不会迷路。
随着太阳就有温暖，

❷叙述

通过两个“跟着”，写出了党的指导性，作者抓住了党和太阳的共性，对中国共产党抒发了赞美之情。

跟着党走就有幸福。

——写在日记本上

参加市人代会有感

（1961 年 8 月 5 日）

今天是我永远不能忘记的日子，我光荣地参加了抚顺市第四届人民代表大会第一次会议。像我这样一个给地主放猪出身的穷孩子，能够参加这样的大会，心里有说不出的高兴和感激。

读书笔记

过去当牛马，
今天做主人。
参加代表会，
讨论大事情。
人民有权利，
选举自己人。
掌握刀把子，
专政对敌人。
[①]衷心拥护党，
革命永继承。
哪怕进刀山，
永远不变心。

——写在大会文件袋上

❶抒情

诗歌结尾，作者表明自己会永远向党、跟党前进的心。

困难不可怕

（1961 年）

应该怎样对待困难——

是战斗！

①困难只能欺侮那些不能吃苦的人，

困难害怕吃苦耐劳的战士。

困难只能欺侮那些胆小鬼，

困难害怕顽强进攻的战士。

困难只能欺侮那懒汉，

困难害怕认真学习的人。

困难只能欺侮那些脱离群众的人，

困难害怕团结一致的伟大集体。

——写在日记本上

①排比

作者运用排比的修辞手法，烘托出要与困难战斗的决心。

一颗红心献给党

（1962 年 2 月 13 日）

党代会将要召开，

心中无限高兴，

是英雄的会师，

读书笔记

党的优秀儿女的集结。
互相交流经验，
制定六二年工作措施，
让党的新任务考验自己。
[1]隆重大会就要开幕，
我用什么礼物迎接？
最宝贵的是决心和意志。
冬训任务已经完结，
目前做好一切施工准备，
迎接新的任务，
争取更大的胜利。
我要更好地读毛主席的书，
大踏步前进，
坚决完成党交给的一切任务。
用我的心情向大会祝贺，
预祝大会成功，
预祝大会胜利。

——写在日记本上

1 设问 作者采用自问自答的形式，突出了他迎接新任务的决心。

读书笔记

宁 愿

（1962年8月7日）

① 宁愿失掉生命，
不愿失去自由。
宁愿洒尽鲜血，
决不投降敌人。
宁愿折断筋骨，
不做人民的罪人。

——写在日记本上

❶排比 作者运用排比的修辞手法，展示了他信仰高于生命的心声。

精华赏析

雷锋的诗句以写实为主，读起来有一种磅礴的气势。在这些诗句中，多以表达志向和信仰为主，在课后可以多阅读并且背诵下来。

延伸思考

1. 请模仿雷锋诗句中的排比手法写一首诗。
2. 为什么雷锋说“困难不可怕”？
3. 为什么说《一颗红心献给党》这个标题起得好？

相关链接

我们写诗词的时候，可以多运用排比的修辞手法。排比能够增强诗词的表现力，提升诗词的节奏感和韵律美，加强句子的逻辑关系和修辞效果。

小　说

茵　茵

名师导读

这是雷锋写的一篇小说，小说的标题就是小说的主人公，这是一位伟大而让人敬佩的共产党员。让我们一起来阅读这篇小说吧！

（1958 年）

❶环境描写　以冬日寒冷的工作环境，烘托出钢铁战士们坚守岗位的责任感。

①严寒的冬天，地上落了深雪，河里结了厚冰，刺骨的冷风阵阵吹来，似乎不许人再工作似的。但那勤劳勇敢的 18000 多名钢铁战士，不怕千辛万苦地和冰雪战斗。人山人海，挑土筑堤。那挑战的喊声，加油的口号声，打夯的号子声，还有小学生们来慰问时的鼓声，混合一起，响彻云霄。人们为了根治沩水，修筑长堤，忘记了寒冷和疲劳，甚至忘记了自己的生命。

茵茵就是这样的。提起这位年轻的女同志，人们都要感动得流下热泪。她是一个共产党员。她那结实的身体，勤劳的双手，还有那晒黑的脸儿，清秀的头发，活泼的眼睛，真使人敬慕。她穿着一件黄棉衣，脚上是草鞋。据说，黄棉衣是她哥哥从部队复员后送给她的，草鞋是她自己打的，打得很漂亮。

茵茵担任了治涝青年突击队的队长。那场暴雨之后，新堤突然决口了。茵茵领导青年突击队去完成堵口的任务。①决口处有七八尺宽，水深过丈，流速很急，水上还漂着冰块，堵口任务十分艰巨。茵茵她们跳进冰冷的水里，打桩、投石、搭桥、挑土……水被堵在堤外，她们的衣服却都湿透了。回到工棚里，茵茵烧了一堆火，让大家围着取暖、烤衣服。茵茵忙前忙后的，没有顾得上烤火，只把衣服脱下来，搭在竹竿上想让风吹干。可是，第二天早起，她的衣服不仅没吹干，天冷反而结了冰，穿在身上还掉冰碴呢！茵茵不顾这些，穿上它又领着大家到堵口工地去战斗，终于完成了党交给青年突击队的任务。

❶侧面描写

展示了环境的恶劣、情况的危急，从侧面写出了茵茵等人的无畏、勇敢。

茵茵今年只有 19 岁，既聪明又勇敢，什么困难都不怕，什么活儿都能干。

堵口任务完成后，又一连下了三天雨，堤内堤外全是水，不能在湖内取土筑堤了。工地指挥部党委采取了措施：调来了 10 部抽水机，日夜不停地抽出湖内的积水。就在这时候，一个看管抽水机的同志病了，不能坚持工作了。怎么办呢？领导上想到了茵茵，她是个初中毕业生，还学过内燃机，对机械原理和构造是熟悉的。于是，领导决定调她去管理一段抽水机。茵茵愉快地接受了这个光荣的任务。

茵茵高高兴兴来到抽水机站，一连工作几天都很

顺利。一天夜晚，她看到工地上的电灯、煤气灯，以及用竹子做的火把，把新修的长堤照得通亮，民工们好像在夜花园里工作一样。灯光亮，民工干活就安全了，进度也快了。茵茵高兴得随着抽水机声唱起歌来。她歌唱劳动的愉快，歌唱幸福的生活，歌唱美好的将来。茵茵唱着唱着，抽水机突然出了毛病，一条胶管不喷水了。[①]她冷静地想道：抽水机没停转，一定是水管出了毛病。如果把机器停下来，就会影响整个工地的工作。她决定下水修理，立即脱掉棉衣，奋不顾身地跳进冰冷的水中，把堵在水管里的石块掏出来。她坚持干了半个多钟头，水管终于又喷水了。

❶心理、行为描写

这段文字展示了茵茵的奉献精神，也为后文做了铺垫。

上了岸，茵茵冻得直打哆嗦。她穿上棉衣坐在机器旁，实在是疲倦了，瞌睡了。迷迷糊糊的，她手一动，不料被转动的皮带夹住了！她猛一惊醒，手夹在皮带里抽不出来，疼得她变了脸色，高呼：“救命！救命！”

恰好这时有两个民工经过，听到呼救声，急忙跑进抽水机站，只见一位女同志倒在机器旁，一只手给皮带夹断了。皮带还在转动，茵茵的血染红了机器。两位民工不懂机械，不知拉断电闸，却手忙脚乱地用扁担打抽水机，想打停它救人。

读书笔记

茵茵挣扎着，痛苦地说：“你们不要打机器，那是上万元钱买来的呀！”

两个民工问：“那可怎么办？”

茵茵坚强地说：“拉我！”

两个民工咬着牙，终于把茵茵还连着部分血肉的手臂拉了出来。这时，茵茵已经痛得失去了知觉。

读书笔记

同志们赶来，把她送进了县医院。经医生十多天的细心治疗，她的断手伤势慢慢好了一些。指挥部党委书记亲自去看她好几次，安慰她、鼓励她。同志们也都非常关心她、体贴她，给她送去鸡蛋、水果……

茵茵十分感激党和同志们对她的关怀和照顾。她忍着伤痛，在病床上给大家写了这样一封信："亲爱的同志们，每当你们来看望我、安慰我时，给了我多么大的力量啊！①我感谢同志们的关怀，感谢党给予我的温暖和鼓励。为工作受了一点伤，这算不了什么，你们不要为我分心。筑堤围湖是为了人民的幸福，我为它负点伤是光荣的。现在，我还没有牺牲，就是牺牲了也是光荣的。我还有一只手，我还能工作哩！还能为祖国的社会主义建设贡献一点力量。现在我在病床上坚持学习，我要努力做个又红又专的共产主义战士。等伤好了以后，我再和你们见面，再和你们共同劳动。"

①叙述 这段话表示茵茵认为，为了人民别说是断一只手，就是牺牲也无怨言。

一个月后，茵茵治好了伤，回到新建的农场工作。领导上为了照顾她，让她回家休息两个月。可是，茵茵不肯休息。少了一只手不能干别的，她要求给农场饲养两头大黄牛。

读书笔记

她每天早起晚睡，精心饲养两头牛。一天傍晚，她牵着牛出去吃草回来，走到半路上，那头大黄牛突

读书笔记

然停住脚步，随你怎么拉，它也不肯走。茵茵急了，眼看天要落雨，过路的人有的都脱下衣服盖在怕打湿的东西上。茵茵想：这头牛也是怕雨淋着吗？于是她脱下自己的上衣披在黄牛背上。天黑了，一阵大雨落了下来。这时，农场的小王跑来接茵茵。小王看见茵茵浑身给雨水打得透湿，黄牛背上却披着茵茵新做的蓝花衣裳，小王被感动得流下了热泪，立即脱下自己的上衣给茵茵穿上了。茵茵微笑着，牵着两头大黄牛在雨中慢慢地走着。小王在后面赶着那头不肯迈大步的牛。

❶细节描写

这段描写体现了茵茵对牛的关心和对工作的高度责任感。

[1]回到场里，那头在路上不肯走的牛病了，倒在牛栏里。茵茵非常着急，急得她晚饭都忘了吃，跑到畜牧站叫来了兽医。兽医诊断后留下一些草药，说是不要紧。那天晚上，茵茵就守在病牛身边，抚摸它，侍候它，喂药给它吃。两天以后，大黄牛好了，茵茵也高兴得跳起来，虽然她熬红了眼睛。

茵茵除了喂好两头牛，在春耕大忙季节，还同大家一起——只用一只手扯草、拾粪、插秧、种玉米……她真能干呀！

她还用科学方法种了一块试验田呢！她有很大的决心和信心，争取粮食丰收。农场的人都非常喜欢茵茵，大家说：“今年秋收后，我们要送茵茵上北京。”

精华赏析

在这篇小说中，作者描写了一个尽职尽责、奉献自我的共产党员的形象，作者围绕茵茵写了几个不同的情节，这些情节都为塑造人物形象服务。

延伸思考

1. 文中的茵茵是一个怎样的人?

2. 你赞成茵茵的做法吗?

3. 读完这篇小说，你有什么感悟呢?

相关链接

在写小说的时候，我们可以设置多个不同的情节来塑造人物形象，情节的中间要有一个过渡的过程，承上启下，使文章的衔接更加自然流畅。

小说短章

名师导读

在这篇小说中，雷锋写了美丽的姑娘们上山挖野菜时的嬉闹场景和晚冬拂晓青年们的干劲，又写了夜晚的雨及雨后美丽的景色。

（1958 年）

（一）三月间，一个晴朗的日子，姑娘们你伴我、我叫她，成群结队地奔上山岗，到处寻找各种野菜。她们是多么快乐啊！

❶比喻……描写出姑娘们自由自在地放飞自己。

[1]她们每个人都像飞出笼的鸟儿，嘻嘻哈哈地说说笑笑，打打闹闹，唱着自己编的山歌儿……

（二）你看那晚冬的拂晓，白雪蒙地，寒气钻骨，干冷干冷的。在那宽阔的土地上，青年们响亮的歌声，冲破黎明的寂静。你看那青年男女，健美英俊，燕子一股，如涛似浪，干得热火朝天。还有一群青年，无不欢欣鼓舞，到处哼唱着“千年的铁树开了花，万年的枯枝又发芽”，一片洪亮的歌声……

（三）随着夜的降临，雨也下来了。开始是几颗雨星，渐渐增多，变大，一会儿就变成倾盆大雨了。天黑得伸手不见五指，两个人相对碰着鼻尖也难看清脸面。在这样滂沱的雨夜里，路上一个行人也没有，已是下半夜了……[1]天晴了，雨后的早晨分外爽快，大地散发出潮润清凉的气息。太阳出来了，一层淡淡的朝霞，照耀着一片新生气象。而山根下的那条河流，冲着泥沙，后浪推着前浪，正在急急忙忙地向西奔流。……

——于治沩工地

❶环境描写 在结尾处描写了雨后早晨美丽的景色，旨在告诉我们风雨之后必有阳光，所以不要惧怕困难。

精华赏析

在这篇小说中，作者描写了三个不同的场景。第一个场景是在春天，第二和第三个场景是在冬天。

延伸思考

1. 文章中的姑娘们去干什么？

2. 请模仿第三段话的格式，自由写一段话。

3. 文章中的最后一段有什么深意？

相关链接

在这篇小说中，作者用了三个转场，在三个不同的场景中，作者描写了不同的景象和人物。我们在写作的时候，也可以采用这样的转场方法。

一个孤儿

名师导读

这篇小说主要是围绕一个孤儿来写的，那么他是谁呢？他和雷锋的遭遇有哪些相同点呢？让我们一起来看看吧！

（1958 年 10 月）

听说李斌调来我们国营团山湖农场工作，我真是高兴极了。在小学里我和他是同学。因他也是一个可怜的孤儿，我很同情他，把他当作我的小弟弟看待。

相　会

❶环境描写 此处生动形象地写出了乌云密布、电闪雷鸣的景象，交代了作者与李斌相见那天的天气。

[1]2 月 26 日，乌云布满了天空，天上的电火也闪了起来，春雷轰轰地响着，雨呀，风呀一齐到来了。树枝吹得弯弯的，高山上的水往低处奔流，一会儿，小溪里、小河里的水都灌满了，直向大河流去。

为了今年农业大丰收，为了抓时间抢季节，我和拖拉机手老陈、老李、老温等一同驾驶着拖拉机到地里工作。农场里的工人们也都拿着锄头出发了。我们的车子开上了新堤，这时我突然感到仿佛有人在喊我似的，可是我还听不清楚。我想也许是大风吹的声音吧？机器的响声使我听错了么？我仍开着车子走。车轮没滚上几圈，好像又有人在喊：正兴哥，等一等；正兴哥，我就来了。我想这下可真的有人在喊我，一定没有听错。[1]我停住车，立刻向四面张望，忽然看见前面有一个人挑着行李，头戴斗笠，打着赤脚。那人走路好像跳舞一样，摇摇晃晃的。我两眼直盯着那人，可是猜不出是谁。

❶外貌描写

此处简要地介绍了来人的形象，引起读者的好奇心。

我想着，那人是小李吗？不，他在望城县委会工作了两年，党委对他那么的关心，再加上他年纪轻（17岁），这样不好的天气不会要他来。我又想：他在县里工作了两年，一定买了伞和雨鞋，不会戴斗笠打赤脚，左猜右猜怎么也猜不着是谁。越走越近了，只离得50来步远，这下我才认清了，原来就是李斌。我以上的那种猜想为什么那样糊涂呢？李斌微笑着，和我亲热地握手。[2]我笑着说："李斌，你还和过去那样朴素啊！个子可长高了些。"他高兴地对我说："正兴哥，为了响应党的号召，培养我们又红又专，我迫切要求到农村参加劳动锻炼。今天党委批准了我下放到农场当新式农民，我真有说不出的兴奋。上午10点钟我就办好了手续，准备来农场。后来县委张书记找我谈话，指引了我前进的方向。县委会的全体干部同志为我们下放的同志开了一个欢送会。我真感谢党和同志们对我的亲切关怀和照顾！我全身像有一股股的暖流在沸腾！那些英雄人物在不断地鼓舞着我。领导上留我在机关休息两天，我怎么能休息呢？所以我今天就冒着

❷对话描写

通过对话，写出了两个老同学见面时的兴奋和激动，以及李斌来到农村的原因，引出后文。

风雨赶到农场来。

“正兴哥，我这次下放，一定要大干一场！准备出几身黑汗！打几个泥滚儿！宁愿少活十年，也要把农场建设好！争取在农业战线上立功当模范！”

我把他送到场部，把介绍信交给了李场长。李场长看完了介绍信，就笑着和李斌握手，互相问好。然后李场长安置他在第四工区参加生产。①李场长要他好好休息一天。可是李斌呢，把东西往四工区宿舍一放，就扛起锄头和工人一起参加生产去了。我也跑步往工地上班去了。

❶动作描写 李斌冒着大雨来到农场，东西一放就去参加生产，可见他对工作的负责。

没几天，我就听见工人反映说：李斌不错，大家都敬佩他。他和工人在一起生产的日子久了，大部分工人都纷纷反映到场部。领导说李斌吃得苦，积极肯干，关心工人，能团结互助，有高度的阶级觉悟。李场长给予他表扬和鼓励，我也感到非常高兴。

②李斌经过场部领导的几次表扬和鼓励，更加积极了。这时他在技术革新上也有了成绩。在党的正确领导下，由于大家的帮助和他自己的苦学苦钻，他在一个月里创造了一部畜力播种机，提高工效20倍。

❷承上启下 这里写领导对李斌的赞美以及他的工作成绩。这段话承上启下，为后文的情节发展做铺垫。

由于他积极肯干刻苦钻研，领导上就调他来拖拉机站学习驾驶拖拉机。我真高兴极了，他和我开一台机车，我告诉他（怎么）操作、保养、修理……由于他虚心、苦学、苦练，在三个月里就学会开拖拉机了。

一个星期日下午，我和他一同到花园散步。我们在花园里的一棵大树下坐下了。轻风把花的香味一阵阵吹来，使我们的精神更加愉快了。黄的、白的、红的、紫的花朵好像在向我们点头，向我们微笑。一会儿跑来一群小朋友，后面还跟着一个大人，是照相的。小朋友愉快地蹦蹦跳跳，还会唱歌哩！啊！原来他们都在学校读书，脖子上还系着红领巾呢！一会儿他们排好队，那个大人和他们照了一些相片。

李斌问我，能否和他一起照个相，我同意了。这时我突然记起：我小时候曾经还和他哥哥一起照过一次相，我留了一张，是否还在呢？我在日记本里翻着，找了好大会儿才找着，我给了李斌看。①李斌看着他哥哥那瘦得像猴了一样的相片，低下了头，掉下了眼泪。回忆起他一家悲惨的生活，我也掉下了几滴热泪。

❶比喻

从侧面反映出解放前李斌一家的悲惨生活。

遭　遇

1942年，正是抗日战争时期，那时，可恨的蒋介石消极抗日，积极反共，到处杀人、放火、奸淫抢掠。长沙下来50里地的地方，有一个胜利村，离我们桥头村只有5里。胜利村有三个地下党员，领导着全村人民和敌人展开顽强的斗争。他们经常把全村里的大地主抓出来斗争，斗争出来的胜利果实都分给了大家。

② 后来被我们桥头村的大恶霸地主“黄眼狼”知道了，他怕将来会受危险，也为了长期统治和压迫人民，于是就把胜利村的消息报告了日本鬼子。

❷叙述

这段文字写了大恶霸地主让人唾弃的恶行。

在这年5月4日的深夜，人们睡得正甜，忽然外面传来一阵阵的脚步声、马蹄声，村子里的狗一下子也大声叫起来，把全村的人都惊醒了。这时，全村人都知道不好了，一定是日本鬼子来了。一霎时，果然外面喊："开门！开门！"把大门打得哗啦啦地响，有些人家的门被打得稀烂！鬼子一进村就到处搜查，翻箱倒柜打砸抢掠。老百姓看着这些鬼子抢自家的好点的衣物，拿自己劳动得来的血汗钱，抢着自己生产的财产……[①] 人们只好强忍着怒火泪汪汪地望着，不能说半个"不"字，一说你就会被日本鬼子打死。不但村内有鬼子在抢东西，而且村外还有鬼子包围着，不许乱动！

❶叙述 以日本鬼子做下的许多恶行，展示了他们的凶狠残忍、贪婪残暴。

后来，日本鬼子把全村人都赶到一个大坪里，逼迫老百姓说出谁是共产党员，现在在哪里。可是没有人回答。一个鬼子军官凶恶地说："你们赶快说出来，不讲，我就要把全村人都杀光！"鬼子军官问了好大工夫，还是没有一个（人）回答。鬼子就用残暴的手段在人群里抓出一个青年，强迫他说出谁是共产党员。[②] 青年不说，鬼子就用棍子打、皮鞭抽。这青年仍不作声，怒目而视。鬼子拿着刺刀向那个青年身上捅去，一下子鲜血直流。不管鬼子用怎样毒辣的手段，这青年还是牙关紧咬，一声不吭。最后鬼子没法儿可想，就在坪地里挖一个洞，把这青年推到洞里，就要活埋。只见那青年突然大声骂道："你们这帮小日本鬼子，总有一天要死在人民的手里，共产党一定会把你们消灭干净！毛主席万岁！中国共产党万岁！"

❷叙述 从这段文字可以看出日本鬼子的残暴，体现了青年是真正的勇士。

泥土埋到了他的胸膛，这时他喊不出声了，这位年轻的共产党员，坚强不屈地光荣牺牲了。他家里的人和全村的人都流下了悲愤的泪水。鬼子把那个青年害死后，见全村人还是没有一个人说话，就放火把胜利村烧着了。村子里有三个刚好一岁的孩子，被烧得哇哇大哭，牲畜被烧得嗷嗷直叫。凶恶残酷的鬼子走后，众人回到村里，只见一片烟雾冲天，东西被烧得精光。可恶的鬼子兵害得全村人妻离子散，上天无路，入地无门，逼得穷苦的人民到处逃难。

6月间，胜利村一户姓李的最贫苦的农民逃难到了我们桥头村，住在破庙里。

[1]我对这户人家十分了解：他家有6口人，有一个非常伶俐的小孩叫李小毛，那年才4岁，他会唱几句歌子："三岁伢子穿红鞋，摇摇摆摆进学堂，先生咧，莫打我，我回去吃点奶再来……"他帮妈妈捡柴啦，扫地啦，看到人就喊叔叔，他生得非常活泼可爱，只是营养不良瘦得很。

小毛有祖父、爸爸、妈妈，日本鬼子活埋的那个坚强不屈的青年就是他哥哥，为了不连累全家，他至死也没有叫爸爸妈妈。鬼子烧死的那三个1岁的小孩，其中有一个就是小毛的弟弟。他家穷得连一块瓦片也没有，住在那破庙里，就靠每天给人家做短工维持一家半饥半饱的生活。

1942年夏天，我们村子里遭到水灾，没有一家人叫他们做短工了。这样一来，他们生活过得更加痛苦，

读书笔记

❶叙述

几句话就生动形象地写出了一个活泼可爱的孩童形象，令人对李小毛心生喜爱。

经常好几天见不到一粒米。他们只好在外面挖一些野菜、野草回来煮着吃。小毛全家人饿得前胸贴后脊梁。

读书笔记

这时我们村子里的大恶霸地主“黄眼狼”，想让小毛的爸妈到他家做长工，于是就假装充善心，做好人，借给小毛家1石谷子。到了秋收的时候，“黄眼狼”就向小毛家要3石谷子（借1石要还2石利息）。这时，他家怎么还得起呢？全家人只好向“黄眼狼”说好话、求求情。好话讲了两箩筐，“黄眼狼”不听半句，只是说：“你们两公婆到我家去做长工，我就不要你家还谷子了。现在我家有200多亩良田，我家住的是高楼大厦，吃的是大鱼大肉，全家有20多个长工，有4个女工。我还有一个小老婆没有人伺候，我还想找两个长工，我看你们两个很合适，那你们就到我家里去吧。不去，就要还我谷子！”

小毛的爸妈被逼得没办法，只好到大地主“黄眼狼”家做长工。祖父带着小毛在家做零活。自从小毛爸妈去了黄家以后，家里生活更困难。小毛的祖父已70多岁，做不得好多事。小毛的爸妈在地主家干活是顶3石谷子的债，没得一个钱拿回家。

①小毛的爸妈到大地主家以后，一天到晚辛勤地劳动，但还是吃不饱穿不暖，还经常遭到大地主的毒打，生活还不如牛马。

❶叙述

详细描述了旧社会平民百姓被压榨的日子，从这些描述当中，我们感受到当时小毛一家人的生活非常凄苦。

1943年冬天，小毛的爸爸得了重病，回到了破庙里，小毛的妈妈也跟着回来。北风刮得呼呼叫，大雪纷飞，冰结得好厚，再加上小毛家住的是破庙，漏进许多雪，又没有饭吃，一饿一冻，小毛祖父也病了，和小毛的爸爸整天躺在床上。[①]小毛的心像油煎一样，他和妈妈只好到外面乞讨。那年头，穷人命都一样苦啊，即使两人在外讨回一碗饭，小毛和妈妈都舍不得吃，留给祖父、爸爸吃。小毛的祖父和爸爸怎么吃得下去呢？只好把饭四下分开，一人吃一口。正在这饥寒交迫的时候，大恶霸“黄眼狼”又到破庙逼迫小毛爸爸还谷子。这下可把小毛爸爸气坏了，他大声骂道：“你这恶狼！我和我老婆在你家做了一年长工，一年到头辛勤地劳动，没得一文钱，也没吃过你家一餐饱饭。我累病了回家向你借几个钱看病，你呢？一个钱也没给，到现在你又来问我要谷子，借你一石谷子，你到底要还几石呢？我干脆不还了。”

可恶的地主和狗腿子把小毛爸从病床上拖下来，用拐杖痛打。这时小毛的祖父从床上爬起来，小毛的妈也跑来。凶恶的“黄眼狼”使劲一脚，把小毛祖父踢倒在地上，口吐鲜血，一下子停止了呼吸。小毛妈妈被打倒在桌子旁边。[②]小毛看着，放声大哭，伏在妈妈怀里喊：“妈妈！妈妈！”一下又跑到爸爸跟前，抱着爸爸的头哭叫着：“爸爸！爸爸！”爸爸使劲睁大了眼睛，望着小毛，张了张嘴，好像在说：孩子，爸爸不能……你要好好长大成人，为爸爸……仇……说完闭上了眼睛。小毛又跑到祖父跟前，一连喊了几声祖父，听不到祖父作声，鲜血把祖父的衣服都染红了。小毛轻轻地用手巾把祖父脸上的血擦掉。他摸着祖父

❶心理描写

“像油煎一样”生动形象地写出了小毛看着祖父和爸爸双双生病后内心的痛苦和焦急。

读书笔记

❷动作、语言描写

通过描写，我们能感受到当时情形的惨烈。

的鼻子，已没有出气和进气了。小毛害怕了，跑到妈妈跟前放声大哭起来。

妈妈听到小毛的痛哭声，才渐渐苏醒过来。起来一看，丈夫和小毛的祖父都死了，放声号啕，悲痛欲绝，头往地下碰了起来，一连晕倒三次。

读书笔记

这样一来，小毛家更悲惨了，生活更难维持下去。小毛跟着妈妈到外面流浪，经常遭到富人的欺侮打骂，好几天讨不上饭吃，也没处安身。

1944 年，小毛跟着妈妈又回到原来的破庙里。破庙里一无所有，妈妈经常面壁痛哭。

一天夜晚，没有月亮，没有星星，小毛睡着了。妈妈找了一根绳子，怕惊醒小毛，就小声地对小毛说："孩子，妈妈不能照顾你了，可怜的孩子，你要自（己）长（大）成人，一定要为你的祖父、爸爸、妈妈、哥哥、弟弟报仇！……"说到这儿忍不住又伤心地痛哭起来，哭声惊醒了小毛。小毛看见妈妈在伤心地痛哭，也跟着哭起来。妈妈停住了哭，脱下自己的一件好一点的衣服，盖在小毛身上，叫小毛不要哭。[①]一会儿，妈妈把小毛哄睡着了，自己用绳子吊着了，又看了一眼小毛，含着泪水小声地喊着："小毛，小毛，妈妈去了……"

❶细节描写

生活的苦痛压得小毛的妈妈喘不过气来，她终于受不了自杀了，临死前还挂念着小毛。

第二天早上，小毛从床上爬起来，只见妈妈用绳子吊着，他连忙跑到妈妈的尸体跟前，抱着已死了的妈妈放声大哭，直哭得说不出话来，沙哑了喉咙。这时，小毛才 7 岁，就成了孤儿。

后来，小毛的堂叔就把他带走了。

小毛的堂叔是一个老实勤劳的农民，起五更睡半夜，每年生产的粮食要给大地主三分之二，禾镰子上壁就没有饭吃。但叔叔对小毛很关心，把小毛当作自己的崽看待。可是小毛的婶婶呢？把小毛看成眼中钉肉中刺，经常打骂小毛。而对自己的崽哩？看得很重。小毛的婶婶好走人家，不爱劳动，是个好吃懒做的人，经常在外面说小毛的不是。但附近的穷人都很同情小毛，说小毛很勤快，又听话，又不和别的孩子吵嘴打架，真是一个好伢子。大家都知道他婶婶对他不好，就更同情他了。

过了一年，他婶婶就要他到一家姓唐的大地主家去放牛。小毛没办法，只好去了。他自到唐地主家放牛，那些富人都看不起他。因他是一个孤儿，穿着破烂的衣服，又黑又瘦。唐地主规定他看两头牛，还要他挑水、扫地，打洗脸水、洗脚水，吃饭时要小毛装饭。地主一家吃完饭以后，小毛才能吃上一点剩饭剩菜。他做好这些事以后，还经常遭到地主一家人的虐待，挨打挨骂是家常便饭。

一天半夜，唐地主就叫小毛去放牛。小毛睡得正香，被唐地主喊醒以后，翻了一下身又睡着了。唐地主看着他还没起来，就大声骂道："你这个死家伙，还不快点起来，太阳都晒到你的屁股上了，我要打死你这个东西！"

小毛回答说："我在捉虱子。"

①唐地主听了连声骂道："你这混账东西，天还没

读书笔记

❶语言描写

从这段对话，可以看出地主的跋扈、残忍。

亮你怎么能看见虱子呢？”小毛回答说：“那你刚才不是说太阳晒到我屁股上了吗？”说得唐地主无言可答。狠毒的地主就拿起拐杖把小毛狠狠地打了一顿。

天还没亮，小毛带着伤痛牵着两头牛出去吃草。太阳出来三丈多高了。小毛看见唐地主的崽吃过了早饭，穿上了缎子衣服，背着书包到学校去读书。小毛坐在草地上想着：他为什么这样好呢？有饭吃，有衣穿，有书读，而且还不做一点事，还要别人伺候。而我这样一天到晚地干活，还吃不饱穿不暖，还经常挨打受骂。将来我是不是也有吃有穿有读书的机会呢？……

读书笔记

牛吃饱了，小毛牵着牛回去，唐地主鼓起眼睛望着他。称了四两米，叫小毛用烧茶的罐子煮着吃一天。小毛哀求地说：“唐老爷，四两米不够我吃一天，请老爷加上一点吧。罐子怎么能煮得饭呢，老爷，借一口小锅给我煮好吗？”

唐地主大声骂道：“一粒米我也不给你加！你煮得就煮，煮不得就算了！”

没奈何，小毛就这样半饥半饱度日子。

有一天，小毛看牛回来，做完杂事以后，天就黑了。他开始去煮饭，饭还没煮熟，一只狗突然从楼上跳下来，正好跳在了小毛的罐子上，把罐子打破了，小毛煮的饭撒了一地。这一天，他只吃上了一点野菜粥。

①第二天早上，唐地主看见小毛煮饭的沙罐打破了，一拳把小毛打倒在桌子角上，碰得头破血流，一下子晕倒在地上。过了好大一会儿小毛才慢慢苏醒过来。可恶

❶细节描写　小毛没有饭吃，唐地主非但没有一点同情，还痛揍了小毛，把他赶了出去。可见唐地主毫无人性。

的唐地主把他赶了出来。从此，小毛就靠给人家砍柴来维持生活。

新 生

1949 年，来了人民的大救星——共产党，把小毛从火坑里拯救了出来。

① 第七区人民政府、党委陈书记，把小毛送到龙回塘小学校去读书。书本费陈书记帮小毛交了。陈书记还要小毛住到区人民政府里去，和干部们一起吃饭。冬天，陈书记还给小毛做了一套新棉衣棉裤。土改时，陈书记还分给小毛一件呢子外套，原先是大地主穿的。夏天，陈书记又给小毛买两套新汗衫新单裤。小毛真是感激不尽党的亲切关怀和照顾。

❶对比

此处和前面小毛的遭遇形成了鲜明的对比，突出了共产党的伟大、党的干部贴心。

小毛在学校里读书，刘老师给他取了个名字叫李斌。小毛读书非常用功，又很热爱劳动，工作积极又主动，生活上很朴素，也肯帮助别人。他那圆圆的脸蛋儿，经常对人微笑着。那对活泼的眼睛，那结实的身体……真使人爱慕。

学校里成立学生会，小李斌当上了学生会的主席。1953 年他初级小学毕了业，又考上了“二完小”，开始了高小的生活。陈书记把李斌寄宿在学校里，吃饭、学杂费都给李斌办好了。陈书记还送给他一支金星钢笔和一个日记本子。

② 李斌在高小曾经读过这样一课书：“一个可怜的孤儿，在党的培养教育下成长大了，现在当上了一个优

❷心理描写

描述李斌心里有美好的梦想，引出了后文中他的努力。

秀的拖拉机手。”李斌想：我将来是不是也能当上一个拖拉机手呢？

读书笔记

有了一个这样的理想，他在高小加入了光荣的少年先锋队组织。他还被选为少年先锋队的大队委员。同学们都很敬佩他，老师也非常热爱他。李斌的成绩算全校第一个，每门功课都得 5 分。

1956 年，李斌已经小学毕业了。他为了响应党的号召，参加了农业生产。几年来，他在党的不断教育和培养下，从一个幼稚无知的穷孩子，成长为一个有一定知识觉悟的好青年。他于 1956 年投入了革命的怀抱，并在 1957 年 2 月加入了光荣组织——共青团。

围　垦

美丽的团山湖，杲山与团山是它的衣裳，八曲河是它的血管。它纵横六七里，湖草丛生。人们形容这块土地的肥沃，说它有五尺深的肥料。但要在这湖里种上庄稼，只是空想一场。因为洪水一到，一片汪洋，人畜和一切财产都要受到洪水的威胁，经常害得穷苦人无安身之处，到处去逃荒。

①可恨的国民党三次收款答应筑堤，钱一到手就拿走了，只顾他们匪军享乐，哪管人民的死活。

1957 年冬天，党为了人民的幸福，使几千年来的洪水不再淹没人畜财产……就号召望城全县人民根治沩水河，围垦团山湖。这一号召，得到了全县人民的热烈拥护，共动员两万多民工、干部和自然灾害作坚决的

❶对比

国民党、共产党对人民的作为形成了鲜明的对比。

斗争！

李斌也报名参加了这次伟大的水利建设工程。他还当上了青年夜间突击队的队长。他带领着30个队员战斗在最艰苦的地方！他们在工作中开动了脑筋，创造了“浪形挖土法”和“双钩倒土法”，提高了工效6倍多。每天每人平均挑到19方土。治沩工程指挥部奖给了他们一面很大的流动红旗。

读书笔记

一天雪夜，工地党委命令夜间突击队在3天内，在宽达100米的沩水河上搭一座木桥，600多人挑土要从这桥上经过。如果桥没搭好，就会直接影响600多人的工作。

李斌愉快地接受了党委交给的光荣任务，连夜带领全体队员赶到了工地。他自己奋不顾身地把冰打开，跳到河里打桩。[①]队员们在他的影响下，也勇敢坚强地同冰雪战斗。有的忙着打桩，有的忙着运石头，有的运木板，有的在扎架子，夜以继日地紧张战斗着。在党的正确领导下，由于夜间突击队全体同志的努力奋战，克服了一切困难，提前半天完成了党委交给的光荣任务。

①排比

用排比句式写出了李斌和队员们忙得不可开交，突出了大家一心为公、不畏困难的品质。

两万多民工和干部苦战了三个月，战胜了冰雪，战胜了洪水，也战胜了各种各样的困难，终于在团山湖的周围筑起了长达50华里的铁壁铜墙，叫洪水让了路！叫高山低了头！叫荒洲变成了1.9万多亩可爱的良田。

愿 望

顺着新堤往下走，一个新的国营农场在荒洲上建立起来了。工人们一面紧张地劳动，一面愉快地歌唱。牧童们赶着一群群的牛羊到山坡上去吃草，还有那可爱的铁牛在荒洲上奔驰。现在的稻谷、玉米……都成熟了，大家看到自己辛勤劳动换来的丰收，是多么的高兴啊！

读书笔记

今年1月底，团县委号召建立望城县第一个青少年拖拉机站。李斌多么想当一名拖拉机手啊！他把节约下来的准备做被子的20元钱全部捐献给拖拉机站。他只想拖拉机站能马上建立就好。他向党委写了6次申请书，表示了自己的决心，说出了自己的理想和愿望。

实 现

这次党委批准了李斌下乡当农民，他真是高兴极了！在2月26日光荣地走上了劳动战线——到了团山湖农场。

4月10日是他永远不能忘记的日子！这一天，他第一次学会了驾驶拖拉机。他的心情是何等的激动啊！

①当他第一次爬上拖拉机驾驶台的时候，他在上面好像高兴得要跳起来了。他坐在我的身边专心地看我怎样操作，怎样转弯，怎样发动汽油机……我一面驾驶，

❶心理描写　此处生动形象地写出了李斌第一次开拖拉机时兴奋、激动的心情，他的梦想终于要实现了。

还一面告诉他操作方法和机器各部分名称。

李斌把我所告诉他的知识都一点一滴地记在脑子里，并写在日记上。他的脑子里一个转又一个转地想着拖拉机，在睡梦中还在喊："把油门加大些，快点开！多犁几亩地。"

他学习了一个星期，懂得了操作方法和基本知识。我就叫他试验驾驶，我站在一旁指点他。

他一坐上驾驶台，两眼望着旁边观看的人，微笑着。这时他手脚都不由自主地颤抖起来，我叫他不要怕，要勇敢些！这时李斌才把油门加大，把离合器向上一推，挂上了排挡，拖拉机嘎嘎地开动了。

可是拖拉机总不听他的指挥，走弯路，开了一会儿，李斌才不怕了，手脚也不那么颤抖了，拖拉机也听使唤了。这时李斌更加高兴起来，我也感到非常愉快。

李斌还提出了响亮的口号：一定要以实际行动来感谢党对他的亲切关怀和照顾！一定要努力钻研，勤学苦练，忘我地劳动，克服一切困难，不骄不傲，虚心学习，争取做望城县第一个优秀的拖拉机手！

我想：他的目的会实现的，我在心中祝愿他。

湖南省望城县国营团山湖农场

新式农民　雷正兴

读书笔记

精华赏析

在这篇小说中，作者用小标题把小说分为六个部分，每个部分情节紧凑，完整讲述了李斌的故事。文章中恰到好处的细节描写刻画了小说主人公李斌的形象。

延伸思考

1. 为什么要描写李斌的成长过程？

2. 李斌是一个什么样的人？

3. 李斌和雷锋的遭遇有什么共同之处呢？

相关链接

小说有三个要素：人物形象、故事情节、典型环境（自然环境和社会环境）。在这篇小说中，作者通过故事情节刻画人物形象，并且反映了新旧社会生活的不同。

名家心得

向雷锋同志学习。——毛泽东

向雷锋同志学习：憎爱分明的阶级立场，言行一致的革命精神，公而忘私的共产主义风格，奋不顾身的无产阶级斗志。——周恩来

学习雷锋，做毛主席的好战士。——朱德

学习雷锋同志平凡而伟大的共产主义精神。——刘少奇

谁愿当一个真正的共产主义者，就应该向雷锋同志的品德和风格学习。——邓小平

读者感悟

“学习雷锋，好榜样……”这是一首家喻户晓的歌，在小学的时候我们就学会了这首歌。每到三月的学雷锋月，我总能在身边看到许多的“活雷锋”。在读完《雷锋日记》后，我深有感触，雷锋的奉献精神让

我非常感动，也让我反思自己，我决心以雷锋为榜样，现在认真对待学习，将来认真对待工作。

雷锋一生从事革命事业，正如他自己所说："青春啊！永远是美好的。可是真正的青春，只属于这些永远力争上游的人，永远忘我劳动的人，永远谦虚的人。"雷锋的螺丝钉精神也将永远留在我们心中，影响着我们每一代人。我长大后也要争做小小螺丝钉。

阅读拓展

雷锋于 1957 年的秋天开始学着写日记，据最早看过日记的方湘林回忆："（我）希望真有爱情日记，可仔细一看，写的全是政治与技术方面的内容，如下放干部总结评比大会记录，自己在大会上的发言提纲，拖拉机性能、拖拉机驾驶规则，等等。"后来机缘巧合，雷锋日记出现在了大众的眼前。这本日记记录的是雷锋的生活与情感，但也是千千万万像雷锋一样的解放军战士的生活与情感的代表。

真题演练

一、选择题

1.“我懂得一朵花打扮不出春天来，只有百花齐放才能春色满园的道理。”这句话出自雷锋（　　）年的讲话。

A.1957　　B.1959　　C.1956　　D.1960

2.“到工厂后，一定刻苦学习，克服一切困难，发挥一个共青团员的应有热能……为祖国人民过幸福生活而奋斗到底！”出自（　　）。

A.《决心书》　　B.《致中共辽阳市委的信》

C.《敢想敢做的人》　　D.《跟着党走》

3.“当我第一次爬上拖拉机驾驶台学习的时候，我真高兴得要跳起来。我坐在驾驶员的身边，专心地看他怎样操作，怎样转弯，怎样发动汽油机……老陈一面驾驶，还一面告诉我操作方法和各部分名称，我一点一滴都记在脑子里，并写在日记上。这几天，我总是睡不着觉，起来又去学习，只想早一日学会，早日为祖国出一点力量。”这段话出自（　　）。

A.《决心书》　　B.《跟着党走》

C.《我学会开拖拉机了》　　D.《诗歌札记》

二、回答下面的问题

1.“对待同志要像春天般温暖，对待工作要像夏天一样火热，对待个人主义要像秋风扫落叶一样，对待敌人要像严冬一样残酷无情。”说这段话的时候，雷锋做了什么事呢？

2. 黄继光是英雄战士，他具体做了什么事情？

3. 请分析《苦甜观》的篇章结构。

三、扩展阅读

1. 小说《茵茵》中茵茵的做法，你赞同吗？

2. 你还知道哪些红色经典书籍？

四、习作

读完这本书，相信你一定深有感悟，请写一篇读后感。

一、1.B　2.A　3.C

二、1. 上山割草的时候，雷锋发现王延堂同志没饭吃，于是他把自己的饭给了王延堂同志。

2. 黄继光，1931 年出生，1951 年 3 月参加抗美援朝战争，生前系中国人民志愿军步兵第一三五团二营通信员。1952 年 10 月 20 日，在上甘岭战役中，他在多处负伤、弹药用尽的情况下，用自己的胸膛堵住敌人正在喷射火舌的枪眼，壮烈牺牲，后被追记特等功，追授“特级英雄”荣誉称号。

3. 整篇文章采取了“总—分—总”的结构，开头就总结了要用无产阶级观点看问题的观点，而后分析不同阶段对苦和甜的看法，最后一段升华主题。同时告诉读者要坚持毛泽东思想，要革命到底。

三、1. 小说《茵茵》中茵茵是一个对工作负责任的人，当她的手臂在机器里面时，她强忍着痛苦，怕别人砸碎了机器，这样的行为值得赞颂，但是并不值得提倡。

2.《保卫延安》《红日》《红旗谱》等。

四、略

爱阅读课程化丛书 / 快乐读书吧

外国经典文学馆					
序号	作品	序号	作品	序号	作品
1	七色花	31	格列佛游记	61	好兵帅克历险记
2	愿望的实现	32	我是猫	62	吹牛大王历险记
3	格林童话	33	父与子	63	哈克贝利·费恩历险记
4	安徒生童话	34	地球的故事	64	苦儿流浪记
5	伊索寓言	35	森林报	65	青　鸟
6	克雷洛夫寓言	36	骑鹅旅行记	66	柳林风声
7	拉封丹寓言	37	老人与海	67	百万英镑
8	十万个为什么（伊林版）	38	八十天环游地球	68	马克·吐温短篇小说选
9	希腊神话	39	西顿动物故事集	69	欧·亨利短篇小说选
10	世界经典神话与传说	40	假如给我三天光明	70	莫泊桑短篇小说选
11	非洲民间故事	41	在人间	71	培根随笔
12	欧洲民间故事	42	我的大学	72	唐·吉诃德
13	一千零一夜	43	草原上的小木屋	73	哈姆莱特
14	列那狐的故事	44	福尔摩斯探案集	74	双城记
15	爱的教育	45	绿山墙的安妮	75	大卫·科波菲尔
16	童　年	46	格兰特船长的儿女	76	母　亲
17	汤姆·索亚历险记	47	汤姆叔叔的小屋	77	茶花女
18	鲁滨逊漂流记	48	少年维特之烦恼	78	雾都孤儿
19	尼尔斯骑鹅旅行记	49	小王子	79	世界上下五千年
20	爱丽丝漫游奇境记	50	小鹿斑比	80	神秘岛
21	海底两万里	51	彼得·潘	81	金银岛
22	猎人笔记	52	最后一课	82	野性的呼唤
23	昆虫记	53	365 夜故事	83	狼孩传奇
24	寂静的春天	54	天方夜谭	84	人类群星闪耀时
25	钢铁是怎样炼成的	55	绿野仙踪	85	动物素描
26	名人传	56	王尔德童话	86	人类的故事
27	简·爱	57	捣蛋鬼日记	87	新月集
28	契诃夫短篇小说选	58	巨人的花园	88	飞鸟集
29	居里夫人传	59	木偶奇遇记	89	海的女儿
30	泰戈尔诗选	60	王子与贫儿		**陆续出版中……**

中国古典文学馆					
序号	作品	序号	作品	序号	作品
1	红楼梦	12	镜花缘	23	中华上下五千年
2	水浒传	13	儒林外史	24	二十四节气故事
3	三国演义	14	世说新语	25	中国历史人物故事
4	西游记	15	聊斋志异	26	苏东坡传
5	中国古代寓言故事	16	唐诗三百首	27	史　记
6	中国古代神话故事	17	小学生必背古诗词 70+80 首	28	中国通史

7	中国民间故事	18	初中生必背古诗文	29	资治通鉴
8	中国民俗故事	19	论　语	30	孙子兵法
9	中国历史故事	20	庄　子	31	三十六计
10	中国传统节日故事	21	孟　子		**陆续出版中……**
11	山海经	22	成语故事		

中国现当代文学馆

序号	作品	序号	作品	序号	作品
1	一只想飞的猫	36	高士其童话故事精选	71	大奖章
2	小狗的小房子	37	雷锋的故事	72	半半的半个童话
3	“歪脑袋”木头桩	38	中外名人故事	73	会走路的大树
4	神笔马良	39	科学家的故事	74	秃秃大王
5	小鲤鱼跳龙门	40	数学家的故事	75	罗文应的故事
6	稻草人	41	从文自传	76	小溪流的歌
7	中国的十万个为什么	42	小贝流浪记	77	南南和胡子伯伯
8	人类起源的演化过程	43	谈美书简	78	寒假的一天
9	看看我们的地球	44	女　神	79	古代英雄的石像
10	灰尘的旅行	45	陶奇的暑期日记	80	东郭先生和狼
11	小英雄雨来	46	长　河	81	红鬼脸壳
12	朝花夕拾	47	丁丁的一次奇怪旅行	82	赤色小子
13	骆驼祥子	48	小仆人	83	阿Q正传
14	湘行散记	49	旅　伴	84	故　乡
15	给青年的十二封信	50	王子和渔夫的故事	85	孔乙己
16	艾青诗选集	51	新同学	86	故事新编
17	狐狸打猎人	52	野葡萄	87	狂人日记
18	大林和小林	53	会唱歌的画像	88	彷　徨
19	宝葫芦的秘密	54	鸟孩儿	89	野　草
20	朝花夕拾・呐喊	55	云中奇梦	90	祝　福
21	小布头奇遇记	56	中华名言警句	91	北京的春节
22	“下次开船”港	57	中国古今寓言	92	济南的冬天
23	呼兰河传	58	雷锋日记	93	草　原
24	子　夜	59	革命烈士诗抄	94	母　鸡
25	茶　馆	60	小坡的生日	95	猫
26	城南旧事	61	汉字故事	96	匆　匆
27	鲁迅杂文集	62	中华智慧故事	97	落花生
28	边　城	63	严文井童话故事精选	98	少年中国说
29	小桔灯	64	仰望第一面五星红旗升起	99	可爱的中国
30	寄小读者	65	徐志摩诗歌	100	经典常谈
31	繁星・春水	66	徐志摩散文集	101	谁是最可爱的人
32	爷爷的爷爷哪里来	67	四世同堂	102	祖父的园子
33	细菌世界历险记	68	怪老头		**陆续出版中……**
34	荷塘月色	69	从百草园到三味书屋		
35	中国兔子德国草	70	背　影